Coleção
Biblioteca
do Maçom

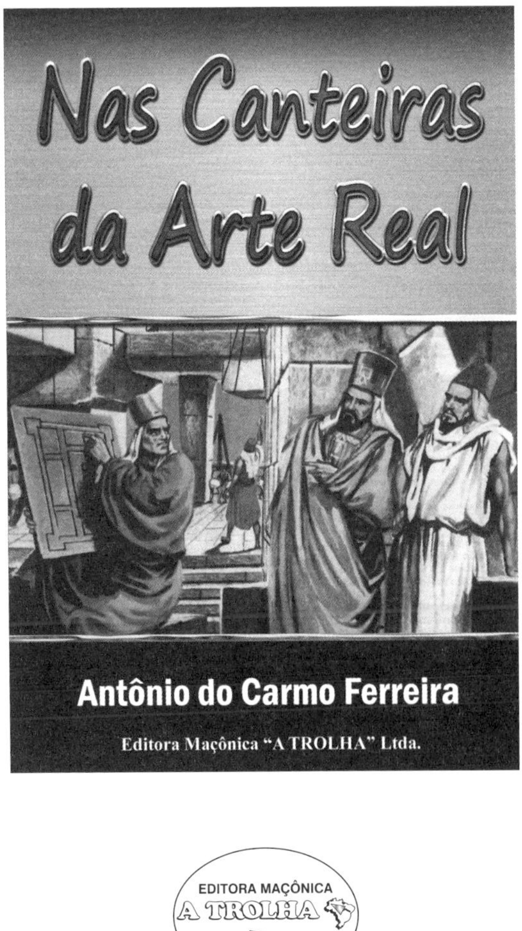

EDITORA MAÇÔNICA
A TROLHA

ANTÔNIO DO CARMO FERREIRA

Nas Canteiras da Arte Real

Editora Maçônica "A TROLHA" Ltda.
Av. JK, 1.635 – sala 2 – Fone (43) 3337-1982 – Fax (43) 3326-0915
Cx. Postal 238 – CEP 86001-970 – Londrina – PR

Londrina, abril de 2008

Coordenação Geral:
Conselho Editorial

1ª Edição:
2008

Tiragem:
2.000 exemplares

Preparação e Diagramação:
Maristela Meneghetti

Capa:
Ulisses Candreva

Revisão:
Virgínia Cristina Audi Ayres

Impressão e acabamento:
Gráfica Regente

Obediência: *Grande Oriente Independente de Pernambuco*

EDITORA MAÇÔNICA "A TROLHA" LTDA.
Av. JK, 1.635 – sala 2 – Centro
86020-000 – Londrina – PR
Cx. Postal 238 – CEP 86001-970
Fone (43) **3337-1982** – Fax (43) **3326-0915**
Site: www.atrolha.com.br
E-mail: redacao@atrolha.com.br

DADOS INTERNACIONAIS DE CATALOGAÇÃO NA PUBLICAÇÃO (CIP-BRASIL) CATALOGAÇÃO NA FONTE

F383n Ferreira, Antônio do Carmo.
Nas canteiras da arte real / Antônio do Carmo Ferreira – 1ª ed. – Londrina: Ed. Maçônica "A TROLHA", 2008.
136 p.; 20,2 cm. (Coleção: Biblioteca do Maçom).

ISBN: 978-85-7252-249-6

1. Maçonaria – História. 2. Maçonaria – Grão-Mestre. 3. Maçonaria – Princípios. 4. Filosofia da Maçonaria Simbólica. I. Título. II. Série

CDD 366.1
CDU 061.236.6

Índices para Catálogo Sistemático:

1. Maçonaria – História.
061.236.6 (CDU)
2. Maçonaria – Grão-Mestre.
061.236.6 (CDU)
3. Maçonaria – Princípios.
061.236.6 (CDU)
4. Filosofia da Maçonaria Simbólica.
061.236.6 (CDU)

SUMÁRIO

PREFÁCIO

Antônio do Carmo Ferreira, meu Irmão e grande amigo, concedeu-me a honra de prefaciar este livro, o que agradeço e, a seguir, vou me esforçar no cumprimento da missão.

Primeiro, desejo falar sobre este grande amigo, abordando o lado pessoal. Conheço-o a partir de minha Iniciação na Arte Real, há mais de duas décadas, desde 3 de outubro de 1987. Durante todos estes anos temos mantido uma boa amizade. Converso com ele, pelo telefone, quase todos os dias, em muitas ocasiões, várias vezes por dia, trocando idéias e falando de amenidades, mais ainda fazendo viagens por este grande Brasil e nos encontrando nas reuniões maçônicas.

Nessa vivência comum, pude perceber o grande homem que é o meu Grão-Mestre e amigo. Sempre carinhoso e atencioso com seus familiares, um pai exemplar. No relacionamento com seus amigos, pude perceber sua lealdade, sinceridade, solidariedade e sempre com um sorriso no rosto. Todos que têm a felicidade de com ele se encontrar, perceberão sempre um clima de simpatia. Trabalhador incansável, acho que trabalha 36 horas por dia, tal é a quantidade e a qualidade de sua obra. Um homem que sabe traçar seus objetivos e trabalha incansavelmente para que eles sejam atingidos; nunca o vi abatido, desanimado em momento algum, e, quando tudo parece mais difícil, sempre encontra um caminho para resolver o problema, é um predestinado para o sucesso.

O Antônio do Carmo Ferreira, Maçom, é um exemplo a ser seguido. Maçom há mais de 40 anos, sempre envolvido com a Ordem, ocupou todos os cargos em uma Oficina, sempre com muita competência e espírito conciliador. Oriundo da Grande Loja da Paraíba, do Oriente de Campina Grande, onde foi Iniciado, vindo nos anos 80, do século passado, a filiar-se ao Grande Oriente Independente de Pernambuco, com pouco tempo de filiado foi eleito para dirigir sua Loja, o que fez com competência, vindo depois a ser eleito Grão-Mestre Adjunto e em seguida Grão-Mestre desde 1992, tendo sido reeleito, sucessivas vezes, até hoje, sempre como candidato único, tal é o nível de harmonia que reina no GOIPE. O GOIPE, hoje, é a maior Obediência de todo norte-nordeste, fruto do trabalho incansável deste grande Maçom, que coloca a Ordem na mais alta prioridade entre todos seus afazeres. Quando, pela primeira vez, assumiu o Grão-Mestrado, sua Obediência era composta por 13 Lojas, hoje já são quase 60 e não pára de crescer, temos Lojas do litoral até a fronteira oeste com o Piauí.

Merece todos os elogios como executivo à frente do GOIPE, poucos Grão-Mestres que conheço têm dado tanta dedicação a sua Obediência quanto ele, mas não pára por aí, no campo da cultura maçônica a sua contribuição tem sido merecedora de todos os elogios que pudermos dedicar. Escritor com mais de 30 livros publicados, mais da metade sobre Maçonaria, bons livros, jornalista Maçom muito atuante, faz parte do conselho editorial da revista maçônica "A

TROLHA", é Presidente da Associação Brasileira da Imprensa Maçônica, tendo sido um dos seus fundadores, Editor do jornal "NOVO TEMPO", edita quinzenalmente o "INFORMABIM", boletim da ABIM, edita quase que diariamente os informativos eletrônicos "GOIPEnews", COMABnews, e o TOPFIVEnews. É uma produção jornalística invejável.

Como escritor Maçom tem se dedicado muito em mostrar o quanto foi importante a Revolução de 1817 em Pernambuco e outros estados do nordeste, para a Independência do Brasil, revolução comandada por Maçons que por dois meses fez do Brasil uma república, movimento que contagiou os brasileiros em querer uma nação soberana e independente de Portugal, foi o sangue dos pernambucanos que precipitou os acontecimentos para a independência de nosso País, passagem da história do Brasil que os historiadores não têm dado a devida importância e o nosso Irmão Antônio do Carmo está sempre a nos lembrar deste ato heróico dos Maçons pernambucanos do século XIX.

Nos seus escritos, procura mostrar que sempre existirá um novo jeito de caminhar, de fazer uma Maçonaria que sabe compreender o espírito do tempo e de se adaptar aos novos desafios que surgem em nossos dias. Defende uma Maçonaria mais envolvida com a comunidade, para que assim sejam apagados todos os mitos – filhos da ignorância e da incompreensão – que, em nossos dias, ainda são lembrados por aqueles que teimam em denegrir a nossa imagem como instituição, sempre empenhada em fazer do Maçom um verdadeiro construtor social, para que nossa Ordem fique mais próxima da coletividade.

Este livro, que o autor teve a felicidade de denominar

Nas Canteiras da Arte Real, será mais uma contribuição para que os Maçons, ao dele fazerem a leitura, compreendam melhor a nossa Ordem e possam cada vez mais engrandecê-la.

Recife, março de 2008.
Irm.·. Guilherme de Queiroz Ribeiro

APRESENTAÇÃO

Fazer as apresentações dos livros deste autor é sempre um grande júbilo, é uma alegria incomensurável, pois, além de lidar com homens, ele faz o mesmo com as palavras. Um sábio, um divulgador da Maçonaria que não mediu esforços nestes 42 anos de trabalho em prol da cultura. Trabalho feito com diligência e delicadeza, que só traz louros à Maçonaria, pois em tudo o que vê, ao escrever transmite sensações de cuidado e atenção nos assuntos mais triviais, que com sua bela escrita se tornam interessantes e prazerosos de ler.

Capaz de estar em muitos lugares em pouco tempo, o Grão-Mestre Antônio do Carmo Ferreira consegue se relacionar não somente com as Lojas e os Maçons sob a Jurisdição do Grande Oriente Independente de Pernambuco, mas com todas as Ordens paramaçônicas e outras Obediências. Jamais deixa o trabalho cultural de lado, levando-o a todo o Brasil, conseguindo ao mesmo tempo em que fala dos homens, falar o que pensa e como vê a Maçonaria atual de um modo poético e festivo. Sua visão otimista deixa tudo a seu redor mais bonito e gracioso.

Nas páginas que se seguem, o leitor encontrará a

Maçonaria vívida e vivida por este autor. Mas deixemos agora para que vocês vejam com seus próprios olhos estes caminhos percorridos e quão singelas são as "Canteiras da Arte Real".

O autor tem sempre uma palavra gentil, mesmo tratando de assuntos mais ásperos. Assim é Antônio do Carmo, um Maçom que está sempre disposto a buscar e distribuir conhecimento. Ele e sua obra se misturam, não temos como falar do livro sem falar do homem.

Os Editores

ESTUDO CRÍTICO DE "NAS CANTEIRAS DA ARTE REAL"

Deus é a **inteligência** infinita. Sua bondade, que também é infinita, permitiu que o homem fosse inteligente. A diferença é que a inteligência humana é finita. Diríamos que a inteligência do homem é um adminículo da inteligência de Deus.

Se pudéssemos fazer uma comparação para mostrar que a inteligência do homem é um quase nada com relação à inteligência divina, diríamos que nossa inteligência comparada à de Deus seria como que uma gotícula d'água pingando da ponta de um alfinete comparada a toda água dos oceanos e dos rios existentes no mundo.

Contudo, apesar dessa inteligência, diríamos, insignificante, o homem é capaz de criar, e criar obras extraordinárias.

A filosofia, sempre atenta a tudo o que diz respeito ao ser humano, estuda o fazer humano sob o título de **Filosofia da Arte**, a qual de divide em Estética Geral e Estética Especial.

A Estética Geral estuda a essência e tudo o que diz respeito ao Belo e estuda também a natureza e os fins a que a arte se destina. É a Estética Geral que afirma ser a Arte a expressão do Belo.

A Estética Especial estuda as artes nas suas diversas particularidades.

Dividem-se as artes em cinco grupos:

a) Plásticas: arquitetura, escultura e pintura;

b) Rítmicas: dança e ginástica;

c) Fônicas: música e canto;

d) Cinéticas: teatro e cinema;

e) Psíquicas: literatura e lógica.

Estética é a parte da filosofia que se ocupa da teoria geral da sensibilidade. Kant, na "Crítica da Razão Pura", deu-lhe por objetivo o estudo das sensibilidades e das formas puras do sentimento.

Aqui, nesta espécie de "estudo crítico", interessa-nos a literatura, em todas as suas formas.

Antes de passarmos diretamente para o assunto que nos induziu a fazer este Trabalho, passaremos aos leitores aquilo que escreveram alguns notáveis escritores sobre arte.

Já vimos que, em filosofia, a arte recebe o nome de estética. Daí por que os filósofos nos ensinam que *"Arte é o conjunto de regras para que se diga ou faça alguma coisa com o máximo de perfeição possível"*.

Tomás de Aquino, o gênio da Igreja, deixou-nos a seguinte definição: *"Arte é o meio adequado à realização de qualquer obra"*.[1]

Para Platão, *"Arte é a inclinação intuitiva de certos homens para criar alguma coisa"*.

Fidelino Figueiredo em seu esplêndido "Últimas Aventuras", citado pelo Professor Geraldo Rodrigues na obra "Arte Literária", deixou escrito que:

---

[1] Ars nihil aliud est quam ratio recta aliquorum operum faciendorum.

> *Arte é a estilização de uma paisagem interior em que a observação e a experiência do artista tornou pequeno o universo para que ele lhe caiba no espírito.*

Geraldo Rodrigues, na obra citada, às págs. 155, numa explicação diferente e que nos parece absolutamente correta, ensina que:

> *A arte, qualquer que seja a sua definição, é uma causa profunda, mais inconsciente que consciente, mais instintiva que racional, qualquer coisa que repercute no lado noturno e desconhecido de nós mesmos, que lança ecos e ressonâncias desde as profundezas do nosso oceano interior.*

Nosso tema é literatura. Nosso intuito é mostrar aos nossos Irmãos (todos quantos lerem este livro) que se quisermos aumentar nossos conhecimentos, dinamizar nossa cultura, temos à nossa disposição Maçons autênticos e autores muito bons (como o magnífico autor desta obra) com obras e mais obras de fácil leitura, ricas no conteúdo da ensinança maçônica.

Meus Irmãos, muitos deles, precisam compenetrar-se de que o melhor caminho para rever matéria ou estudar matéria nova é ler.

Já nos distantes tempos de Aristóteles se dizia que **era preciso consultar os livros**.[2]

O que nos fascina, em qualquer autor, é o estilo. O estilo original é aquele que prima pela correção da linguagem, pela clareza, harmonia, concisão e vigor.

São essas, exatamente, as qualidades do estilo do autor que iremos analisar. Se assim não fora, aqui não estaríamos.

---

2 Volvendi libri sunt.

Certamente que é muito difícil encontrar alguém com todas as qualidades estilísticas aqui apontadas. Não há dois homens iguais sobre a face da Terra, de forma que haverá tantos estilos quantos forem os homens existentes neste nosso mundo. Pensando assim, Buffon, no discurso de recepção na Academia Francesa, soltou a célebre frase que todos nós repetimos a cada instante: **l'estyle est l'homme même**.

Vimos, no início deste arrazoado, que Arte é a expressão do Belo. Para Aristóteles, o Belo consiste na Ordem e na Grandeza.

Quando topamos com uma obra de arte digna deste nome, sentimos que ali o Belo se encontra realmente, isto porque os efeitos produzidos pelo Belo em nosso espírito, em nossa inteligência, são os mais variados. Daí por que chegamos à conclusão de que os grandes estudiosos do tema têm razão, quando afirmam que os efeitos produzidos pelo Belo são: 1º – o sentimento estético; 2º – o juízo estético.

É fácil entender que o sentimento estético é a emoção que sentimos diante de uma legítima obra de arte; já o juízo estético nada mais é que a atividade crítica (através do gosto) que reconhece o Belo.

É exatamente esse Juízo Estético que nos inspirou a analisar "Nas Canteiras da Arte Real" e, de leve, outras obras do escritor, poeta, filósofo, articulista e orador de renome – Antônio do Carmo Ferreira – sem nenhum favor um dos maiores autores da Maçonaria contemporânea.

A primeira coisa que nos chama a atenção nos escritos desse notável Maçom é o respeito que ele tem pelo belo quão rico idioma que Portugal nos legou. Jamais uma obra escrita em mau português alcançará o título de verdadeira obra de arte.

O conhecimento que Antônio do Carmo tem do idioma lusitano, em nosso ver, corresponde inteiramente àquilo que Gladstone Chaves de Melo escreveu e que vem transcrito em "Arte Literária", já por nós citada algumas vezes:

> *Conhecer esteticamente uma língua é sondar-lhe fundo as riquezas, é senhorear-se de suas virtualidades, é sentir-lhe a harmonia interior, é perceber-lhe a plasticidade, é poder dominá-la como instrumento de arte.*

De há muito, Antônio do Carmo joga com as palavras com a mestria de quem conhece realmente o idioma em que escreve. Já em 1984, no livro "Vento Leste", ele mostra como as palavras, quando "bem jogadas", compõem com perfeição aquilo que o intelecto projeta

As palavras chegam
e não se atritam
e se abraçam.

São duas,
são dez,
talvez...
Quantas não sei

De todos os matizes
ornamentadas
(seres enamorados)
se casam:
azul com mar,
verde com esperança,
tristeza com lilás.

Em coro recitam.
Recitam jograis
e cantam.
Cantam sinfonias.

As palavras, em poemas,
de mãos dadas, cirandam,
se entrelaçam,
não se atritam
e se abraçam.

Verifica-se, por esse poema, que no desabrochar da flor do pensamento, o poeta sabe como jogar as palavras na renda de bilro da verdadeira arte.

> *– É... mas, nesse tipo de poesia moderna tudo são facilidades...* Pode ser que alguém esteja pensando assim.

É aí que mora o engano. Antônio do Carmo passeia com sua inteligência e riqueza de linguagem, com grande facilidade, pelos caminhos da mais clássica de todas as poesias: o soneto. Senão, vejamos:

Querer-te, Olinda, assim como te quero,
devo sim, por ter sido teu regaço
minha segunda terra, meu espaço
do mais feliz viver, que considero.

E por amar-te assim, meus versos faço
com o verde-azul do mar, ao qual espero
juntar do sol o ouro com o vero
lilás da tarde nos confins do espaço.

Dos teus filhos um dia emanara
raio de liberdade – amor sincero
à Pátria – em que ninguém os igualara.

Desejo ter por isso o amor mais fero
até meu derradeiro instante, para
querer-te, Olinda, assim como te quero.

O Gal. Morivalde Calvet Fagundes, com relação a esse esplêndido soneto, exclama:

> *Essa declaração de amor faria inveja até aos mais puros sentimentos de um Luís Vaz de Camões.*

O poeta Paulo Bandeira da Cruz, outro apaixonado pela cidade de Olinda, ao comentar a poesia de Antônio do Carmo, não se contém e grita aos quatro ventos:

> *Poemas que avalizo – (com a minha alma olindense mal comportada) – para serem lidos em todos os patamares do tempo.*

Barreto Guimarães, crítico dos melhores produzidos pelo Nordeste, com relação ao "Mundolinda e outros Mundos" escreveu palavras que retratam os valores poéticos "carmonianos" (sirvam-se, por favor, do meu neologismo). Diz ele:

> *Minha Olinda querida, já percebeste que em Antônio do Carmo está um dos teus amores mais fortes, um guardião de tua beleza, um anunciador dos teus encantos e dos teus deslumbramentos.*

O que, sobremaneira, nos agrada nas obras de Antônio do Carmo é a forma didática como compõe os seus livros. Nota-se-lhe a grande vontade que tem de passar conhecimentos através de arrazoados escritos em linguagem simples, porém correta.

O Grão-Mestre do GOIPE se revela aquele Maçom que, às vezes, se angustia ao verificar que há Irmãos que não estudam, perdendo a oportunidade de crescerem culturalmente, deixando de cumprir aquilo que a Sublime Instituição pede-lhes que façam.

Não só através de livros, mas também de "plaquetas" que se tornaram célebres, uma vez que, gota a gota, Antônio do Carmo vai destilando o saber para que os Maçons, mormente os de sua Obediência, possam ir tranqüilamente pelas veredas da sabedoria, veredas que ele vai abrindo e aplainando, a fim de que todos possam caminhar, sem tropeços, buscando a meta que lhes foi proposta.

Através de onze plaquetas, o autor conta toda a "História do GOIPE". A plaqueta primeira que ele denomina de "Caderno I", no início, no primeiro parágrafo, contém a demonstração de como serão todas as outras. Vejamos esse começo:

> *A História de uma Organização se constrói diariamente. O tear do tempo se encarrega de fazer o tecido. O cotidiano dos pequenos momentos logo se esquece. Mas os grandes momentos, não. Estes permanecem. É como se houvesse uma memória para eles. Ali ficam armazenados e disponíveis. Neles, quando oportuno, as gerações pósteras alimentarão os seus ideais. Um dia, chegou-se até a pensar que o próprio tempo, ao decorrer, esmaeceria esses registros. Entretanto, logo derrubou essa insinuação a palavra de Guerra Junqueiro – poeta português – para quem "as grandes obras são como as montanhas, de longe se vêem, melhor".*

Já escrevi, em nota publicada no nº 90 do **IOD** que Antônio do Carmo, com esse novo livro, oferece-nos textos curtos, muito bem escritos, cujo fito maior é passar aos Maçons preciosos ensinamentos da história e da doutrina de nossa Sublime Instituição. Não só em "Nas Canteiras da Arte Real", mas em outras obras, que não são poucas e todas excelentes, várias já com a primeira edição esgotada, Antônio do Carmo lança mão do método, para nós, o que melhor atende aos que querem estudar qualquer dos itens abrangidos pela ensinança maçônica: filosofia, história, ritualística e doutrina.

Já o filósofo Epicteto lançava mão dessa metodologia. No livro "A Arte de Viver" (The art of living), tradução de Maria Luíza Newlands, Editora Sextante, Rio de Janeiro, encontramos dezenas e dezenas de capítulos com temas completamente diferentes.

Essa maneira de apresentar capítulos de temas diferentes em um mesmo livro facilita, e muito, aos pesquisadores que não precisam ler uma obra inteira para se inteirarem de um único assunto.

Logo no primeiro capítulo de "Nas Canteiras da Arte Real" nota-se o verdadeiro intuito do autor: chamar atenção para o verdadeiro sentido da Câmara de Reflexão:

> *Os Ritos, que no seu procedimental incluem a Câmara de Reflexão, oferecem a seus Candidatos os benefícios que esse dispositivo proporciona. O Candidato ali recolhido, distante de todos, sem a influência de estranhos, está em companhia de sua consciência. Palavras escritas, figuras, objetos, substâncias têm o objetivo de lhe pedirem a atenção para um novo modo de vida. E ele decerto se reencontra consigo mesmo – nosce te ipsum – quando então virá à sua mente a lembrança de que a vida é uma missão, para cujo exercício ele está fazendo nova opção naquele momento. E se a opção é sincera, sua atenção, de pronto, se aguçará para a absorção dos princípios que daí em diante lhe haverão de ser ensinados. O "sim" de sua resposta, embora motivado pela indagação, obedecerá não àquele comando, mas aos ditames de sua consciência.*

E Antônio do Carmo termina o capítulo enfatizando o valor do estudo, da busca, da pesquisa. Aliás, os bons autores estão sempre a repetir que é preciso ler, que é preciso pesquisar, que é preciso estudar. Antônio do Carmo e os outros todos ficam naquela esperança de que a repetição há de produzir os efeitos, vez que até os romanos já preconizavam: *"Guta cavat lapidem non vi, sed saepe cadendo"*, expressão que o povo traduz à sua moda: **água mole em pedra dura, tanto bate até que fura.**

No início de um dos capítulos do livro, Antônio do Carmo se refere ao Venerável Mestre alertando-nos sobre alguma coisa que precisa ser lembrada, em benefício das Lojas, o que significa em benefício da própria Maçonaria.

No capítulo *"A Maçonaria, Aqui, Agora!"* ele trata de dois assuntos muito importantes: "Longa vida operante" e "Melhoramento na comunicação social". Esses dois temas são de tal magnitude que a não observância dos dois reduzem as Sessões Maçônicas a meras reuniões passatempo, sem as características de uma legítima Loja Maçônica.

É o chamamento de atenção com o fito de mostrar ao Venerável o tamanho, que não pode ser medido, da responsabilidade que o cargo lhe põe sobre os ombros. A parte sobre "Longa vida operante" começa assim:

> *As Lojas devem cuidar, no sentido de motivarem o Maçom de seu Quadro a permanecer o maior tempo possível em atuação. Uma vida longa, nos serviços da Ordem. O Venerável Mestre da Oficina terá que realmente ser um Mestre. Ensejar os meios de reinvenção, de modo que o Obreiro esteja motivado a comparecer e a participar. Ter prazer de ser Maçom. Ir à Loja não por obrigação, mas por amor. As grandes reclamações quanto à precocidade no "vestir o pijama" da inatividade, giram em torno da mesmice. Bater Malhete, ouvir a ata, discutir a eleição da próxima diretoria. A Loja tem que ter um projeto que envolva todos na discussão e na execução. Será um veículo motivador da longevidade atuante na Ordem. É como dizia Camões: "Não se aprende, senhor, na fantasia// sonhando, e sim lutando e pelejando".*

No item sobre "Melhoramento na comunicação social" o autor mostra todo peso do seu conhecimento e do seu querer para que o Maçom viva em perfeita harmonia social. Antônio do Carmo afirma (estamos inteiramente de acordo com ele) que a Maçonaria por ser extraordinariamente grande não pode ficar confinada às quatro paredes de um Templo. Aqui ele arremete contra aqueles que vivem do passado e continuam no passado, isto é, querendo que a Maçonaria fique escondida do resto do mundo, reservada exclusivamente para os Maçons. Diz ele:

> *Para alguns, bastava que a Loja fosse apenas para os Maçons. A Maçonaria é boa demais para ser somente nossa, e nós, nestes tempos de tantos desafios, não podemos nos dar a um luxo desse. Seria danoso o egocentrismo.*

Antônio do Carmo dedica um amor enorme ao Areópago de Itambé. Vez por outra, toca no assunto.

Há um capítulo do livro que, ao lembrar a loucura sublime de 1817, quando os pernambucanos entenderam que a pátria tinha que ser livre, ele volta o pensamento para 1835, quando Bento Gonçalves inicia a rebelião que passou à História com o nome de Guerra dos Farrapos. O certo é que termina voltando a Itambé com todo o amor que ele devota ao Areópago e à Loja que ali eterniza a bravura de Arruda da Câmara e seus companheiros de ideal. Vejamos o que diz:

> *O Brasil deve muito à Maçonaria, em cujo território adentrou pelo portal de ITAMBÉ, em 1796, onde o Areópago foi a escola em que se forjou o espírito de luta de uma Pátria para os brasileiros, não com monarquia, mas com República, sonho dos Nativistas de 1817 e dos Farroupilhas, enfim realidade em 15 de novembro de 1889.*

O capítulo "A Ordem Maçônica nos tempos de Frei Caneca" deve ser lido, relido e estudado com atenção. O autor demonstra um conhecimento extraordinário do tema que aborda.

Frei Caneca ressuscita, fica vivo nas páginas que Antônio do Carmo lhe dedica. Tópico interessante (pouquíssimos são os que dele têm conhecimento, inclusive o autor destas linhas), é aquele que se refere à carta escrita pelo extraordinário frade-Maçom, datada de 1823, em que ele cita ter lido 14 obras pró e contra a Ordem. Nessa missiva Frei Caneca chama a atenção do destinatário para *"as falsas idéias que dela faz o vulgo, e a velhacaria em comum dos eclesiásticos sem doutrina que, entregues ao ócio e indolência, fogem, como diz o salmista, de se instruírem, só a fim de não se verem obrigados a seguir a verdade e praticar o bem"*.

Aí temos páginas de alto conhecimento histórico que, conforme já dissemos, precisam ser estudadas, pois são acontecimentos pouco conhecidos e que devem suscitar o interesse de todos nós, Maçons.

Há duas coisas que não posso deixar passar em branco: o capítulo "Família e Maçonaria" que deve ser lido e relido, uma vez que encerra conceitos que precisam ser meditados por todos nós, Maçons. A segunda coisa é a peça oratória que traz o título "Iluminando os Caminhos do Bem", discurso pronunciado por ocasião das comemorações do jubileu de prata do Grande Oriente Paulista. Verdadeira obra-prima, esse discurso vem confirmar o que temos afirmado já por várias vezes: Antônio do Carmo é, sem dúvida alguma, o maior orador da Maçonaria do Brasil na atualidade.

Este estudo já vai largo, razão por que precisamos parar. A obra toda de Antônio do Carmo Ferreira, Mestre Maçom,

Grão-Mestre do Grande Oriente Independente de Pernambuco, é altamente didática. Verifica-se que seus escritos visam sempre um determinado fim: o ensino da doutrina maçônica.

O fundo filosófico de tudo o que ele escreve põe em relevo sua grande cultura, cultura que abarca um humanismo revelador de uma exegese de extraordinária percuciência. Os seus escritos nos fazem lembrar do filósofo Vieira de Almeida, nos seus "Paradoxos Sociológicos", quando afirma que:

> *A interpretação racional de aspectos substitui a tentativa de sistematização global: pode dizer-se que uma tendência de explicação etnológica se estabelece, a dar conta de ensinamentos parciais, por zonas determinadas.*

É exatamente o que se pode verificar na literatura de Antônio do Carmo: cada artigo, cada palestra, cada discurso aponta um fim, traz um ensinamento específico para um determinado momento.

Sorte a nossa, que além de "Nas Canteiras da Arte Real", relemos plaquetas e vários outros livros deste MESTRE que engrandece não só a Maçonaria de Pernambuco e do Brasil, mas a Maçonaria Universal.

Meu Irmão Antônio do Carmo, muito obrigado por tudo o que você tem feito por nossa SUBLIME INSTITUIÇÃO!

Seu discípulo Raimundo Rodrigues

VITRIOL, UM TÔNICO REJUVENESCEDOR

De quando em vez tenho me surpreendido com a lembrança daquele "sim" que se costuma dizer, alto e bom som, no comecinho da carreira maçônica, quando o Candidato é todo emoção, envolvido na Cerimônia, de cujo fascínio sequer fazia idéia e culmina em sendo ele mesmo o especial protagonista. Refiro-me à indagação: *"Desejas esquecer tua vida profana, submetendo-a aos costumes da vida maçônica?"* que se completa com a resposta "sim" do Iniciando.

Este é um passo tão decisivo que, no meu modo de pensar, se lhe deveria dar uma ênfase extraordinária. Muitos estão de acordo e até são mais exigentes, entendendo que o Candidato, mesmo nesta condição, deveria ter a sua atenção despertada para a importância dessa parte da Cerimônia de ingresso na Ordem. Como o Maçom, deveria refletir, a respeito da seriedade desse compromisso, não somente durante sua permanência nos bancos do aprendizado, mas qualquer que fosse a "sua idade".

Os Ritos que, no seu procedimental, incluem a Câmara

de Reflexão, oferecem a seus Candidatos os benefícios que este dispositivo proporciona. O Candidato, ali recolhido, distante de todos, sem a influência de estranhos, está em companhia apenas de sua consciência. Palavras escritas, figuras, objetos, substâncias têm o objetivo de lhe pedirem a atenção para um novo modo de viver. E ele decerto se reencontrará consigo mesmo – *nosce te ipsum*, quando então virá à sua mente a lembrança de que a vida é uma missão, para cujo exercício ele está fazendo nova opção naquele momento. E se a opção é sincera, sua atenção, de pronto, se aguçará para a absorção dos princípios que dali em diante lhe haverão de ser ensinados. O "sim" de sua resposta, embora motivado pela indagação, obedecerá não àquele comando, mas aos ditames de sua consciência.

O sábio Nicola Aslan ("Grande Dicionário Enciclopédico", vol. I., pág. 196, Editora Maçônica "A TROLHA" Ltda., Londrina/PR) diz assim:

> *O Candidato, logo de início, é introduzido neste lugar de meditação (a câmara), para entender que o homem profano deve morrer naquele lugar.*

O Candidato confirma isto ao subscrever um testamento. A primeira prova a que é submetido, ali no interior da "terra", de onde veio e para onde seu corpo voltará, conforme ensina o autor de Eclesiastes. As grandes árvores que povoam as florestas também foram assim. Vieram de sementes que no colo da terra se anularam, dando origem às mesmas. Em seu testamento, o Candidato antecipa e sela compromissos, como amar a Deus, a Pátria, a família, ao próximo. Uma "floresta" exuberante, não de árvores, mas de amor.

Por isto que convém ao Maçom reservar, na sua vida,

momentos de reflexão a este "sim", como é recomendável aos instrutores voltarem aos já Aprendizes diversas vezes para tratar desta passagem da Cerimônia de Iniciação, até que cada um compreenda, em toda sua extensão, o significado do profano e do sagrado da opção que fez.

Raimundo Rodrigues, o mestre exponencial da filosofia maçônica, trata deste assunto e compara quem faz reflexão a um "buscador". Elogia quem exerce a busca:

> *... certo é que o buscador vai encontrar coisas que jamais pensou existissem no seu Ego ... virtudes e defeitos ou até vícios cuja existência era ignorada.*

Mas este é o caminho da continuidade ao "sim". E lavra uma sentença horrível, para os que não buscam:

> *Depois de iniciados, só não se darão ao trabalho da busca aqueles que se julgam perfeitos. Estes tais nunca crescerão na virtude, nem na Maçonaria nem fora dela* ("A Filosofia da Maçonaria Simbólica", vol. 2, pág. 70, *Editora Maçônica "A TROLHA" Ltda.*).

Pois é, quando a miopia da dúvida encostar, é não ter cerimônia de usar o tônico rejuvenescedor do VITRIOL – *"penetra os interiores da terra e esquadrinhando-os encontrarás a pedra oculta"*.

São os votos da farmacopéia maçônica e os nossos também.

O CONSULTÓRIO MAÇÔNICO

As gerações maçônicas dos anos recentes não chegaram a conhecer, pessoalmente, o Irm∴ José Castellani, que passou à história, com muito mérito, como o Ph.D. da Maçonaria brasileira.

Uma pena não o ter conhecido! Porque o Irm∴ Castellani era o maior estoque de conhecimento sobre a Ordem, entre nós. Manteve, durante anos a fio, e nas principais revistas e jornais de Maçonaria, o "Consultório Maçônico", através do qual respondia às indagações e dirimia as dúvidas que lhe fossem apresentadas.

A Editora Maçônica "A TROLHA", fundada e dirigida pelo professor Francisco de Assis Carvalho, outro inesquecível da Ordem no Brasil, publicou, em 10 volumes, quase todo este material. Uma beleza incomparável! Um contribuição inigualável!

Refiro-me ao Irm∴ Castellani com grande saudade, porque ele gostava muito do Grande Oriente Independente de Pernambuco. Médico, atuante em São Paulo, com uma grande clientela, fechava o Consultório, não me cobrava cachê nem se fazia de rogado para servir a meu Grão-Mestrado. Além de vir até nós, ainda trazia outros sábios para nos orientar.

Fundou comigo a ABIM – Associação Brasileira da Imprensa Maçônica. Não quis ser o seu Presidente. Era um ideólogo. Entendia que dirigir era tarefa dos Executivos. Foi prestimoso na ajuda ao Irmão Guilherme de Queiroz Ribeiro, quando da elaboração de nosso Ritual Escocês Antigo e Aceito. Ligava de São Paulo. Escrevia de São Paulo. Veio a Recife acompanhar, na prática, a implantação daquele manual. Dizia-se, em todos os lugares, obreiro regular do GOIPE. Tinha para conosco estas deferências.

Com a sua partida para o Oriente Eterno, a conseqüência imediata foi a retirada de circulação do "Consultório Maçônico". A mim me parece que o Irm∴ Castellani não estava gostando disto, porque ele formou gerações e gerações, e nestas gerações há muitos de seus discípulos que não desmerecem o Mestre. São capazes de dar continuidade à sua obra. O "Consultório" é uma Faculdade de ensino à distância. Alunos, e colegas seus contemporâneos, também entendem assim. E como tal não se exaure. Reenergiza-se e prossegue em sua missão iluminadora.

Se pedíssemos o sinal de adesão a este trabalho, decerto que não ficariam inertes mestres como Raimundo Rodrigues (Gr∴ Loja), Élio Figueiredo (hoje GOB) e Ricardo Mário Gonçalves (Gr∴ Loja), em São Paulo; em Minas Gerais, Fuad Haddad (GOB); no Paraná, Pedro Juk (GOB); Edenir e Moura ("A TROLHA"); e, em Pernambuco, Guilherme de Queiroz Ribeiro (COMAB), dentre muitos outros de igual saber, que elencados dariam uma grande lista.

O Irm∴ Castellani, que me chamava de "distinto amigo" e "meu Grão-Mestre", segredava-me sempre que o Irmão

Guilherme de Queiroz Ribeiro seria um dos seus sucessores no saber do Rito Escocês Antigo e Aceito e, naquele tempo, já estava bastante preparado. Guilherme tem dado prova disto, escrevendo artigos, fazendo palestras, ministrando instruções e comigo administrando o GOIPE.

A revista "A TROLHA", voltando a publicar o "Consultório Maçônico", como voltou, presta um tributo ao Ph.D. da Maçonaria brasileira, e inscreve o retorno, como um presente aos Maçons de nosso País, sobretudo aos das gerações mais recentes. Para a feliz iniciativa, não faltarão perguntas, nem respostas, nem leitores.

PALAVRAS AOS QUE ESTÃO EM ÂNGULO RETO E NÃO "FERVEM" AOS 90 GRAUS

Outro dia, tive a felicidade de receber, em minha sala, um companheiro meu de Maçonaria que já não o avistava fazia três anos. Abriu a porta e falou-me com expressões de vitória:

– *Puxa, companheiro, pensei que já tivesse mudado de sala!*

– *Como assim*, indaguei-lhe, diante de seu ar de vitória e surpresa!

– *Equivoquei-me com a sala à direita. Abri a porta, mas nela divisei apenas pessoas estranhas ... Retomei o corredor. Vim em frente ... e aqui estamos.*

– *Pois é, grande companheiro*, exclamei, dando-lhe "aquele abraço" efusivo da "recepção", e mandando que ele estivesse "em família".

Enquanto meu companheiro se acomodava, fiquei a pensar. O Maçom é como ele. Faz assim, não esmorece em sua missão. Não desiste, porque, por acaso, abriu a porta que não era. Não importa algum revés. Ele retornará à sua jornada e nela continuará firme. Não é porque o mal, às vezes, pareça agigantar se, comparado com as suas forças, que ele abandonará seu compromisso – a luta pelo bem. As dificuldades são instantes, ele deverá ter consciência disto. E não poetava o maranhense Gonçalves Dias que "viver é lutar"?

Rui Barbosa, um Maçom Iniciado na Loja "América", ao Oriente de São Paulo, foi muito feliz em dizer que *"de tanto ver o triunfo do mal, o homem às vezes* (mas felizmente às vezes) *chega a desanimar de sua trilha no bem"*. Em suas "palavras à juventude", ele fez uma admirável exegese das palavras do Filho de Deus – *"nem só de pão vive o homem"*. Sim, porque o pão tem a ver com o estômago. Com as requisições da vida orgânica. Passageira que se esvai com o passar dos dias ... que se ultima com a ação do tempo. O organismo se abrigará na terra, revertendo ao pó.

Por isto, o homem não viverá só desse pão, mas de outro alimento – o ideal – (interpreta Rui). Alimento que tem a ver com o espírito. O ideal é o alimento da vida eterna. Esta é a vida a que se reporta Agostinho, ao dizê-la *"uma peregrinação de retorno à Casa do Pai"*. Aliás, este lembrete do Bispo de Hipona reensina o Eclesiastes, quando adverte que tempo virá *"em que o espírito volta a Deus que o deu"*. Vale lembrar aqui que a sábia Maçonaria prega a prevalência do espírito sobre a matéria.

Não importa que alguns (ou temporariamente muitos) desinventem a fraternidade ou faltem com o respeito à dignidade humana, e, com isto, ocorra o primado do mal. Tal ocorrência será uma glória efêmera. Isto não intimidará o Maçom, porque se sustenta das forças de seu ideal – servir a Deus. E serve a Deus, pontua o ritual dos que ingressam na Ordem, *"quem vive na virtude e na prática do bem"*.

Aquela visita de meu companheiro não foi demorada, uma hora e meia, cerca disto. Entretanto, foi bastante para as recordações de muitos momentos alegres em nossa amizade. E de aprendizagem com a análise daqueles momentos. Até bater na porta errada ... testa a fé e aguça a esperança.

> – *Agora que você já se encontra por aqui, precisamos nos rever mais vezes, mais freqüentemente*, disse eu ao grande companheiro, em sua despedida. *É nesses encontros que aprendemos muito.*
>
> – *Sem dúvida*, ele me respondeu. *Sobretudo em nos estimulando a fazer o bem, como é o objetivo principal dos ensinamentos desses encontros, o que resulta em benefício não somente do "próximo", mas de nós todos.*

MESTRE MAÇOM
(DO 3º GRAU)

O Irmão Guilherme de Queiroz Ribeiro, Grão-Mestre Adjunto do GOIPE, tem prestado valiosa colaboração ao crescimento qualitativo dos Maçons de nossa Obediência, não somente pelas instruções que administra ao visitar as Lojas, mas também por intermédio das respostas com que, via internet, atende às consultas que lhe têm sido formuladas, especialmente no que diz respeito à ritualística.

Recentemente, a um Irmão que lhe indagou sobre o ano de nascimento do Grau de Mestre, respondeu que fora em 1725, o que está absolutamente certo, e foi apenas a este respeito que o consulente lhe abordou.

Outro dia, um Irmão do Recife me telefonou e, ao longo da conversa, queria saber quando, onde e sob quais circunstâncias o Grau havia surgido. Não foi possível responder naquele momento. Valho-me desta oportunidade em que o assunto vem à baila, para fazê-lo, ajudado pelo cenário em que se incluem a Escócia, a Philo-Musicae Architecturae Societas Apollini e a Loja "Dumbarton Kilwinning".

Em 12 de maio de 1724 foi fundada a Sociedade Filo-Musical de Arquitetura Apolíneo. Profana, mas seus associados eram todos Maçons. Se alguém não o fosse, e tivesse ingresso em seu quadro, logo teria que ser Iniciado. Três anos depois – 1727 – a Sociedade deixou de existir.

No dia de seu primeiro aniversário – 12.5.1725 – rolou uma grande festa. Durante as acontecências, oito Companheiros do Grêmio resolveram improvisar uma nova cerimônia.

Acrescentaram alguns passos ao Ritual de Companheiro, então em uso. (Os Maçons, naquele tempo, limitavam-se a duas condições: Aprendiz ou Companheiro. Daí os primeiros Grão-Mestres da Grande Loja de Londres terem sido apenas Companheiros.) Com o Ritual de Companheiro ampliado, com algumas modificações, foi procedida a cerimônia de "passagem" do Grau de Companheiro do Grêmio para MESTRE MAÇOM DO 3º GRAU. Foram Exaltados os Companheiros Charles Cotton e Paillon Bull. A Grande Loja de Londres, ao tomar conhecimento do fato, uma Cerimônia Maçônica de passagem de Grau, realizada numa sociedade profana, protestou veementemente, inclusive expedindo carta à Sociedade.

Em vão o protesto da Grande Loja de Londres. A Sociedade não lhe era vinculada, nem lhe rendia qualquer subordinação. Ademais, o Grau nascente veio ao agrado da Ordem Maçônica, tanto que, em 1726, a Loja "Dumbarton Kilwinning (Escócia) já cuidava do assunto com a maior desenvoltura. É o que se constata das Atas de suas reuniões de 29 de janeiro e de 25 de março daquele ano. Na primeira, está gravado que o *"Grão-Mestre John Hamilton esteve presente aos trabalhos, em companhia de 7 Mestres Maçons, 6 Companheiros e 3 Aprendizes"*. Já na segunda, o registro refere-se à Exaltação propriamente dita (naquele tempo dizia-se PASSAGEM), ao relatar que o Companheiro do Grêmio *"Gabriel Porterfield foi recebido e admitido como MESTRE da Fraternidade e renovou seu juramento e deu dinheiro de entrada"*.

Foi com estes entretantos que surgiu o Grau de Mestre Maçom e, em conseqüência, o Sistema de Três Graus, "alterando por completo a Tradição". (O ritualista Guilherme de Queiroz Ribeiro recomenda aos estudiosos a leitura do livro "Mestre Maçom", de Assis Carvalho, Editora Maçônica "A TROLHA", Londrina/PR.)

FREQÜÊNCIA NAS LOJAS MAÇÔNICAS

Estatísticas da ciência de todos apontam São Paulo como a região onde se situa a maior quantidade de Lojas Maçônicas e de Maçons do Brasil.

Mercê destas circunstâncias, é que tenho conversado com o maçonólogo Raimundo Rodrigues que exerce o magistério maçônico naquela Unidade da Federação, a respeito das possíveis dificuldades que a Ordem porventura venha tendo naquele Estado.

O professor R. Rodrigues, que já presenteou os Maçons brasileiros com excelentes compêndios[1], em especial nos campos da Filosofia e da História da Ordem, com o mais alto grau de credibilidade, é claríssimo em suas respostas.

Para o sábio mestre Rodrigues, os principais problemas de lá são os mesmos de toda a Maçonaria brasileira: deserção e baixa freqüência.

Ele entende que o Iniciado abandona a Arte Real, porque teria sido atingido por três males: dois de nascimento e um de crescimento.

---

[1] Vide Raimundo Rodrigues, em "A Filosofia da Maçonaria Simbólica", Vol. 2, Editora "A TROLHA", Londrina/PR.

O mal escolhido (o Candidato foi indicado por ser amigo do proponente e não por ter vocação; segue-se uma sindicância imperfeita). O mal Iniciado (cerimônia com passagens bisonhas; gracejos; visita a lugares estranhos). E o mal instruído (pobreza didática do instrutor; falta de leitura dos clássicos maçônicos; acesso a invencionices e achismos).

Este último item (precariedade de instrução) se agrava com a pressa na concessão de "aumento de salário". Ensinar, diz o respeitável mestre Rodrigues, "é transmitir conhecimento". E as Sessões de Aprendiz e Companheiro são de instruções. Dispensar interstício é, assim, por demais prejudicial à formação do Iniciado Maçom.

Desejamos ainda acrescentar, em relação à freqüência, que ela tem uma forte vertente: as motivações. O Maçom deve ir à Loja por amor e não por obrigação. O Venerável tem que ser um líder, que entusiasma seus Obreiros.

Ademais, a Loja tem que ter projetos (metas e meios), não só quanto à formação de seus Quadros, mas também referente à sua ação filantrópica, em cuja execução todos se envolvam.

A monotonia é cansativa e estressante. Mas a reinvenção é animadora e cativante. A Maçonaria não é o ócio. É o fascínio da lapidação do principal produto do Criador – o homem, tornando-o um "construtor social".

A recomendação das sagradas escrituras é de que, em cada dia, precisamos renascer. Pois a vida é ação. É trabalho. Quem se entranhou de Maçonaria sabe o quanto ela é superior dentre todas as organizações humanas.

Lutar pela permanência dos Irmãos, freqüentes e em atividade, no seio da Fraternidade, é uma missão relevante do Maçom. Deixar de fazê-lo, alerta o Ritual do 1º Grau, é "*mais do que uma infidelidade. É um perjúrio*".

COMPROMISSO COM O SIGILO

De vez em quando surgem, aqui e ali, notícias a respeito de mal-estar existente no mundo profano, que teve origem em informações levadas por Irmãos participantes dos trabalhos de Loja, em que os assuntos motivadores dos constrangimentos teriam sido tratados.

Recentemente, estes casos voltaram ao noticiário com maior freqüência e podem culminar com a geração de problemas graves para com os dirigentes. Porquanto, municiados de informações obtidas por esses meios esconsos, Candidatos preteridos podem vir a solicitar explicações formais de Grão-Mestres e de Veneráveis, a respeito dos motivos impeditivos de seu ingresso. Como podem ocorrer ações processuais, na Justiça profana, com inclusive requisição de Livro de Atas, movidas por comunitários, cobrando-se indenização por supostos e pretensos danos morais, em face, exatamente, de notícias levadas das Sessões por Irmãos que a elas estiveram presentes.

Os dirigentes da Ordem revelam-se preocupados. Dirigentes em todos os níveis dos três sistemas regulares do País.

E não é para menos. Os acontecimentos no seio das reuniões são privativos delas. Os Maçons interessados nos assuntos, ali discutidos, deverão comparecer, se porventura desejarem conhecer os resultados de sua apreciação. Todavia, não devem informá-los, nem a Maçons regulares, que não tiverem ido à Sessão. Agora, imaginem levá-los ao conhecimento de Profanos! Isto é proibido.

Que diz o Venerável, ao término dos trabalhos, por recomendação do Ritual? O que for decidido e porventura tiver que ser informado a alguém, o Venerável disporá do veículo próprio para tal serviço.

Surpreendido com o vazamento de assuntos discutidos nas Sessões é que o escritor Armando Righetto, ex-Grão-Mestre de Minas Gerais, escreveu, na década dos anos 90, um artigo para a revista "O Prumo", de Santa Catarina, edição Nº 106, no qual alertava que este mal que nos acomete e atormenta não está fora, está entre nós. Ele foi duro neste comentário e estava coberto de razão.

Na oportunidade, escrevi um longo Trabalho, abordando este assunto e lhe dei o titulo de O DOCE E O AMARGO DO SIGILO. Foi publicado, em 2002, como capítulo de um dos meus livros que a Editora Maçônica "A TROLHA" imprimiu – ARTESANATOS MAÇÔNICOS. Conversar, fora da reunião, o que se ventilou durante a sua realização, não é nada maçônico. Contraria nossos princípios e leis. Deforma a tradição.

Até os historiadores não Maçons sabem disto. Pedro Calmon, por exemplo, em "História Social do Brasil", vol. I, registra que:

A Maçonaria teve a maior responsabilidade naqueles

> *acontecimentos. Foi o sigilo maçônico a alma da revolução de 1789 ...*

Outro exemplo está no que escreve Michael Howard, no livro "A Conspiração Ocultista":

> *Por que no correr dos séculos tem a Maçonaria atraído tantas mentes brilhantes...? A resposta deve estar nos ensinamentos secretos.*

Portanto, será da melhor geometria estar sempre a lembrar nossos Irmãos dos juramentos e compromissos assumidos quanto ao sigilo. O cancioneiro popular brasileiro dá uma sentença: "*Quem jurou e não cumpriu, pra mim mentiu e pra Deus pecou*". Não dizer ... não falar ... não escrever ... não revelar ... isto convém ser lembrado com freqüência, mesmo que nada tenha ainda acontecido a este respeito com a sua Loja. Não perder de vista o que ensina a sabedoria popular: "*Quem vê a barba do vizinho arder põe a sua de molho*". Não custa nada prevenir. Caro é ter que remediar. Enfim, a instrução do Irmão José Mário Bandeira Guimarães, Presidente da Assembléia Legislativa Maçônica e jurista:

> *Sigilo, em Maçonaria, é mais que cláusula pétrea. É landmark.*

ASPECTOS PEDAGÓGICOS DA SOCIABILIDADE

O professor Frederico Guilherme Costa, Mestre em História, tem um grande crédito perante a Ordem no Brasil, em virtude de uma valiosa instrução, em que aborda aspectos pertinentes à Maçonaria, constatados ao observá-la do ponto de vista da sociabilidade. Expõe a pesquisa e formula a instrução em seu livro "Questões Controvertidas da Arte Real", vol. 4, que a Editora Maçônica "A TROLHA" Ltda. imprimiu e publicou. *"A Maçonaria como um meio alternativo de sociabilidade"* é o capítulo, onde o mui ilustre Irmão Frederico enfoca os aspectos filantrópicos, pedagógicos e apoiador da Maçonaria. Isto não significa que a Ordem abandonaria seus princípios basilares. Acrescenta-se-lhe o "meio alternativo". Maurice Agulhon, lembrado pelo professor Frederico, justifica que *"as associações são multifuncionais e podem desempenhar ao mesmo tempo diversas funções"*. Quero dizer, mais ainda, que, além de serem felizes as idéias expostas pelo Irmão residente no mundão carioca, são merecedoras de acurada reflexão, diante deste momento de tamanha violência que atravessamos, parecendo-nos até que estamos no reencontro dos tempos que ensejaram a dissertação hobbesiana, exposta no livro "Leviatã", de ser então o "homem o lobo do homem".

A idéia dos benefícios com a participação social ganha nitidez e se robustece à medida que cresce a violência e a banalização da vida, dando o Estado sinais de impotência para inibir o processo, não obstante consagrado pelos "contratualistas", como tendo sido criado exatamente para oferecer ao cidadão as condições da sobrevivência. Os benefícios haverão de vir não somente pelo caráter corporativista de amparo à produção das manifestações culturais dos partícipes, mas também pela função pedagógica que o exemplo enseja. É preciso desenvolver a cultura do bem, para preencher os espaços e frear a expansão do mal.

A família é a sociedade em que se gerou a pessoa, em cujo seio, ao crescer, formou-se cidadão. O entendimento de muitos estudiosos identifica a família com a célula-mãe da pátria. Esta pregação rolou por séculos. Rui Barbosa fez discurso ao derredor deste tema, o de que a "Pátria é a família amplificada".

Quem estuda a "revolução industrial" tem a chance de conhecer os meandros do progresso econômico que lastreou o estágio atual da riqueza do homem aqui na terra, mas se depara com alguns aspectos cruéis decorrentes de seu advento. Antes, a economia era familiar. O homem produzia no quintal de sua casa. Algumas máquinas rudimentares, os filhos, a mãe e o pai da família. De sua produção se abasteciam e o excedente era negociado, para formação do dinheiro com que realimentar a produção e manter a família. A "revolução industrial" acabou com este circuito. Quebrou os moldes artesanais de fazer. A manufatura cedeu lugar à maquinofatura. Um novo tipo de viver foi introduzido. O pai trabalhava numa fábrica. A mãe, noutra. Os filhos, numa terceira. Atomizou-se a família. E isto não deixou de ser cruel.

Vestígios desta crueldade encontram-se em livros como "As perspectivas do homem" de Roberto Heilbroner e "Perestroika" de Mikail Gorbachev. Há no primeiro a revelação de um dissabor no pai americano por não ter podido transmitir, para o filho, o sentimento de família. Como Gorbachev também assevera que desprovida dos cuidados maternais, como então se encontrava, a sociedade do império que dirigia tendia ao fiasco.

Se o mundo chegou a este tempo de violência, e o Estado se revela incompetente para debelá-lo, cabe ao homem reinventar o enfrentamento, para sobreviver e, por conseqüência, colaborar com o segmento estatal na superação desta encruzilhada.

Aí, valer a pena, examinar o papel da Maçonaria como uma instituição que objetiva tornar feliz o homem, pelo aperfeiçoamento dos costumes. Seja formando o homem/Maçom que será, pelo exemplo, um indutor do bem na comunidade, seja recorrendo à atuação do Maçom, com o seu trabalho na construção social desta nova sociedade. O homem não deverá passar atestado de falência, auto-recolhendo-se atrás das grades, como hoje em dia se encontram as residências. O homem exilado em seu lar. Tem-se medo até de dizer bom-dia. Num elevador, ninguém se fala. Cada um olha para os pés do outro, como se não fosse "o próximo", mas o bandido pronto para assaltar. No elevador do edifício em que os circunstantes moram. E assim não vai ser possível continuar. Cada um por si, Deus por alguns e o diabo por todos.

A COMAB – Confederação Maçônica do Brasil realiza,

todo ano, no mês de junho, a posse de seu Presidente. Cada vez, em Estado diferente. É uma Presidência peregrina. Em torno da posse, leva-se a efeito uma festa muito elegante. Os Grão-Mestres, a família maçônica do País, os convidados. Um congraçamento. É como se, de repente, fosse cumprida a sugestão do Evangelista João: "ut omnes unum sint". Para que todos sejam somente um. Desta mesma forma procede a CMSB – Confederação da Maçonaria Simbólica do Brasil. Reunião de todos, na melhor harmonia, num fascinante congraçamento.

Estes momentos de paz, de feliz conviver, no macro, por que não se repetem no micro? Repetem-se sim. Devem repetir-se. A Maçonaria é o farol. Deve ser o "maior sermão" a que se refere o padre Vieira – sobretudo pela pedagogia do exemplo. Vejamos as sugestões das Organizações mercantis ou de serviços! Há uma AABB. Há um BNB Clube. Há um Clube de Oficiais, etc.. Em cada cidade onde estiver a Maçonaria, por que não a existência de um Maçomclube ou outro designativo que o valha? Se não for possível a propriedade, por que não a existência, e seu funcionamento, ao menos uma vez por mês, num clube amigo? Não se busque o superávit financeiro, e sim o superávit do amor fraternal. O amor fraternal não deve ser algo que apenas se deseja, mas sobretudo algo que se pratica. O Maçomclube, um lugar de respeito, de segurança e de admiração. Um lugar que passe a ser a referência principal do *curriculum vitae* do freqüentador. Será mais uma função para nossa Ordem. Uma função pedagógica decerto. Há quem entenda que esta foi uma das principais funções da Maçonaria de 1717, redirecionando a vida européia, então caótica, inclusive a de sua realeza. O Irmão

Octacílio Schüler Sobrinho trata deste assunto em "Cadernos de Pesquisas" nº 19, publicado pela Editora Maçônica "A TROLHA" Ltda.

Gostei das idéias expostas pelo professor Frederico Guilherme Costa, a que aludi na introdução a este artigo, como muito tenho aprendido com a leitura de seus livros. "A Maçonaria, um meio alternativo de sociabilidade", até que todos entendam que mensagem de amor é epístola. Não é pistola.

A MAÇONARIA, AQUI, AGORA!

No dia 24 de junho, faço aniversário de Iniciação na Maçonaria. O ritual é o mesmo em cada ano. Vou à Loja, agradeço ao Grande Arquiteto do Universo por me haver inspirado a ingressar na Ordem, e passo aos Irmãos interessados algumas experiências que vivi no campo da Arte Real. Recordo que ao completar 41 anos de vida templária, alguns Veneráveis me abordaram sobre qual seria a mensagem, para as 52 Lojas que então povoavam o GOIPE, dado que eu, naquele tempo, encontrava-me no exercício do cargo de Grão-Mestre daquela Obediência. Excluindo-se daí a responsabilidade com a formação, sabidos o cuidado e a dedicação com que se exercitava esta atividade em seu seio, dei as três respostas seguintes:

1. LONGA VIDA OPERANTE

As Lojas devem cuidar, no sentido de motivarem o Maçom de seu Quadro a permanecer, o maior tempo possível, em atuação. Uma vida longa, nos serviços da Ordem. O Venerável Mestre da Oficina terá que realmente ser um líder.

Ensejar os meios de reinvenção, de modo que o Obreiro esteja motivado a comparecer e a participar. Ter prazer de ser Maçom. Ir à Loja não por obrigação, mas por amor. As grandes reclamações quanto à precocidade no "vestir do pijama", da inatividade, giram em torno da mesmice. Bater Malhete, ouvir a ata, discutir a eleição da próxima diretoria ... A Loja tem que ter um projeto que envolva todos, na discussão e na execução. Será um veículo motivador de longevidade atuante na Ordem. É como dizia Camões – *"Não se aprende, senhor, na fantasia // Sonhando, e sim lutando e pelejando"*.

2. MELHORAMENTO NA COMUNICAÇÃO SOCIAL

A Loja não é uma autarquia, que se baste a si própria. Ela deve compromissos à comunidade, onde está, aonde vai buscar os seus integrantes. A comunidade está com os olhos fitos na Loja. A Loja não é somente templária, é também (e talvez mais ainda) comunitária, pois a Maçonaria é iniciática e filantrópica. É esotérica e exotérica. Então é preciso interagir. Comunicar. Para alguns, bastava que a Loja fosse apenas para os Maçons. A Maçonaria é boa demais para ser somente nossa, e nós, nestes tempos de tantos desafios, não podemos nos dar a um luxo desse. Seria danoso o egocentrismo. Ensina João – o Padroeiro – que a *"candeia acesa não é para ser colocada sob a cama, mas para ser alçada ao centro da sala, de modo que a muitos possa clarear"*. Sugere-se que cada Oficina tenha o seu veículo de comunicação social. Um jornalzinho, por exemplo. Que as Oficinas mais opulentas tenham até coluna, nos jornais não maçônicos. E, se possível, para os mais arrojados, programas de rádio e de televisão.

Sua Santidade, o Papa João Paulo II, deixou um livro muito significativo, intitulado "Memória e Identidade". Diz, num dos capítulos da obra, interpretando Santo Tomás de Aquino que "o mal é a ausência do bem". Então, vamos preencher o espaço, comunicando o que a Maçonaria realmente é e o que tem feito e está fazendo em favor da humanidade, tudo voltado para o bem. Nós não dizemos isto, e abrimos espaço para que se insinuem, nas revistas profanas, o que têm insinuado de errado contra a Ordem. A Associação Brasileira da Imprensa Maçônica está à disposição, para orientar na criação desses novos periódicos. Recordemos a sociologia do "velho guerreiro", que marcou uma época como fenômeno da comunicação social – *"quem não se comunica, se trumbica"*.

3. A PAZ DA CONVIVÊNCIA

Quero ressaltar que onde a Maçonaria esteve unida, maiores têm sido os resultados alcançados com o seu labor, tanto no que diz respeito ao repovoamento de seus Quadros e instrumentos disponíveis à formação dos mesmos, quanto no volume de trabalho que empreende em favor de todos – Maçons e comunidade. Cito como exemplo de operosidade a Maçonaria unida do Maranhão, a Maçonaria unida do Rio Grande do Norte, a Maçonaria unida de Minas Gerais, a Maçonaria unida de Mato Grosso, a Maçonaria unida do Rio Grande do Sul.

Outro dia publiquei artigo com o título "Por que não correspondemos?", falando sobre os aspectos auspiciosos da PAZ DE CONVIVÊNCIA. Aí, eu fazia referência a pronunciamentos dos Grão-Mestres do Rio Grande do Sul (Irm∴ Juracy

Vilela de Sousa) e do Rio Grande do Norte (Irm∴ Wilton de Carvalho Costa). Eles alertam que sem a paz da convivência, a Maçonaria brasileira dos sistemas administrativos do GOB, CMSB e COMAB está desperdiçando força e vigor.

Nesta direção, desejo apontar para ensinamentos de nossos antepassados – e nós somos o pó de várias gerações. Para o profeta Isaías, "*só aos ímpios é impossível a paz*". E o Maçom não é um ímpio. David mostrou os benefícios da convivência harmônica que os Maçons tanto sacam – a fragrância do bom e do agradável que perfuma os Irmãos vem da união. João Evangelista – um dos Padroeiros – é afirmativo, quando registra que é "para sermos um só". O Pastor James Anderson, seguindo a mesma trilha, colocou na parte vestibular das "Constituições" que "a Maçonaria é um centro de união".

Então, peço aos Irmãos para que envidem esforços neste sentido. Sem a paz de convivência estaremos na contramão. E (quem sabe!), em poucos anos, em vez de lermos nos pórticos de nossas Lojas: "*Aqui se constrói templo à virtude*", não estaremos lendo a legenda dantesca: "*Vós que aqui entrais, perdei a esperança*"!

A Maçonaria, aqui, agora, deverá ser sensível ao "espírito do tempo". O processo evolutivo exige de cada geração melhores resultados que os alcançados pela antecessora. E se o Maçom realmente entende de seu ofício, deverá até influir no fazimento do futuro, dado que ele é um construtor de amanhãs. Neste mister não faltará espaço para os usos. O que pode estar faltando é a adequação dos costumes. Há chamamentos por toda parte. Pois "a messe é grande". E os Maçons se motivam nos desafios, embora estes sejam muitos, diante dos "obreiros que são poucos". A Loja, para o Maçom, não deve ser o limite. É a vertente.

NOSSA INDEPENDÊNCIA VEM DO AREÓPAGO

Nos últimos dias do mês de agosto, a vibrante Maçonaria que se pratica na região da mata norte de Pernambuco, reuniu-se na cidade de Itambé.

A Maçonaria é uma das instituições mais antigas da humanidade que permanece ativa, além de crescente e muito admirada, não só por seu caráter filantrópico, mas também pela contribuição que tem dado, ao longo de sua trajetória, em favor da liberdade, do respeito à dignidade da pessoa humana e do aperfeiçoamento dos costumes.

O Areópago é parte da Maçonaria e foi instalado, em Itambé, no inverno de 1796, por um grupo de sábios da região, liderado pelo botânico Arruda da Câmara, ex-frei Manuel do Coração de Jesus, o qual, segundo notícias de renomados pesquisadores, ingressou na Maçonaria na cidade de Montpellier (França), tendo ali se formado em Medicina.

A finalidade do Areópago era doutrinar o povo para a nossa independência, e dele fizeram parte as pessoas mais proeminentes da Província.

Décadas depois, já em 1801, descoberto seu objetivo,

em face da conspiração dos Suassunas, através da qual se pretendia a independência com o apoio de Napoleão, o Areópago foi fechado, mas os seus integrantes continuaram em plena atividade.

Para dar seqüência à ação, eles se distribuíram em duas Lojas Maçônicas que tiveram os nomes de Academia de Suassuna, sob a direção do Coronel Francisco de Paula Cavalcanti de Albuquerque, e a Academia do Paraíso, dirigida pelo Padre João Ribeiro.

Em 6 de março de 1817, deu-se a Revolução doutrinada por aquelas Lojas (Suassuna e Paraíso) que tornava o Brasil Independente, com República, Constituição, Ministério, e Universidade no Seminário de Olinda.

O Presidente: Domingos José Martins, nascido no Espírito Santo, casado em Pernambuco, proprietário de navios, dedicado ao comércio exterior, Iniciado na Maçonaria inglesa sob os cuidados do Grão-Mestre Hipólito da Costa, Maçom, como Maçons eram todos os seus ministros, exceto o da agricultura.

Esta República durou oitenta e poucos dias, ao término dos quais sacrificaram a vida de toda uma geração formada na Europa e no Seminário de Olinda. Mas o sangue derramado fecundou a determinação de ser dada uma Pátria aos Brasileiros, tornando irreversível o grito de "7 de Setembro", em 1822.

> *A República teve 70 dias de vida – l'espace d'um matin –* como escreveu o historiador Amaro Quintas, *mas ficará na lembrança dos bons brasileiros, como um gesto de profundo patriotismo e de renúncia de uma plêiade de moços que soube morrer pelo Brasil, e que, pelo seu sacrifício, deixou o exemplo para a sua geração fazer a independência.*

Na segunda metade do século passado, os Maçons do Oriente de Timbaúba – vizinho da cidade de Goiana –, acudindo ao chamamento do Grão-Mestre do Grande Oriente Independente de Pernambuco, desenvolveram um intenso movimento que resultou no reerguimento das colunas da Loja "Areópago de Itambé". Seus aniversários são festas inesquecíveis, com a presença de incontáveis Maçons de Pernambuco e Paraíba, e de líderes da comunidade local, reunidos em Sessão Magna Pública.

O Grande Oriente Independente de Pernambuco se exalta em ter em seus Quadros os Maçons que fazem estas duas augustas e respeitáveis Lojas Maçônicas "Obreiros do Norte" e o "Areópago de Itambé". Que Deus os abençoe. Pois nossa Independência vem do Areópago.

A EPOPÉIA FARROUPILHA E REMINISCÊNCIAS DE 1817

Em setembro de 1995, o projeto das comemorações do bicentenário do Areópago de Itambé já estava praticamente concluído. Xico Trolha e eu éramos constantes na permuta de informações sobre a composição do programa.

Recordo que, em telefonema de 7 de setembro daquele ano, logo após os desfiles de homenagem à Pátria, falamos sobre o "Grito do Ipiranga", em 1822, como uma dádiva de março de 1817, sendo este resultante da doutrinação dos areopagitas itambeenses.

Xico, veemente a este respeito, disse-me que estava remetendo, para minha leitura e apreciação, originais de seu livro, a ser lançado em abril de 1996, que tratava do **Areópago**, como **berço heróico da Maçonaria no Brasil**. E, aí, ele incluía um capítulo referente ao Cônego Joaquim Antônio das Mercês, onde eu poderia encontrar conexões da Revolução Pernambucana de 1817 com a saga dos gaúchos – a Epopéia Farroupilha.

Confesso que este dizer me aguçou a curiosidade. E, realmente, as narrações de Xico conduziam a isto, embora não fosse este o objetivo do livro, pois a obra reporta-se aos serviços do Areópago que lhe creditavam a receber as homenagens do bicentenário.

O Cônego Joaquim Antônio das Mercês foi Maçom, tendo exercido o Veneralato de uma das Lojas Maçônicas de Salvador. Há uma foto sua, que pode ser vista no salão de acesso, mostrando-o vestido de batina e sobre ela o fitão indicativo da posse do cargo. O Cônego das Mercês remanesce de 1817. Foi companheiro de cela do Maçom Frei Caneca, em Salvador, na qual eram depositadas as cabeças dos revolucionários que a Coroa condenava à morte e os decapitava. Peregrinou, como Frei Caneca, pela Confederação do Equador. Entranhou-se também do espírito nativista em busca de nossa Independência, sem temor de que isto lhe custasse a vida.

O povo de Pernambuco queria a maioridade política, nos moldes de 1817: República, Constituição, Ministério, Abolição, Universidade. E como, em 1822, viera a Monarquia, havia sempre descontentamento, inquietação... Os gaúchos também não se entenderam em seu relacionamento com o Governo Imperial. Decerto que havia os satisfeitos e isto ninguém pode negar. Até formavam um partido político – Caramurus – citadinos e conservadores. Mas os insatisfeitos com este relacionamento eram muitos. Constituíam o partido dos Farroupilhas – estancioneiros, nativistas, para os quais a Coroa brasileira não lhes dava a consideração política no tanto merecida. E no seu descontentamento ameaçavam até com a separação, e a criação da República Rio-grandense ou a República Piratini.

A rebelião não tardou, em 20 de setembro de 1835, ela surgiu – a Guerra dos Farrapos. Seu líder – o Coronel Bento

Gonçalves. Vitorioso sempre, impôs derrotas e derrotas à Corte, inclusive tomando Porto Alegre. Todavia, em algum momento, dia 4.10.1836, sofreu também uma delas, a da Ilha de Fanfa, e aí foi preso, seguindo, nesta condição, para a Fortaleza de Santa Teresa, no Rio de Janeiro, de onde, mais tarde, por tentativa de fuga, foi transferido para a Fortaleza do Mar, em Salvador.

Vejamos agora uma coincidência. Naquela oportunidade, o Cônego Joaquim Antônio das Mercês era o Diretor daquela Fortaleza. À prova, a solidariedade maçônica que dominava o consciente daquele eclesiástico revolucionário, plasmada dos ideais de 1817, acudia a ação farroupilha. Bento Gonçalves ganha a fuga em navio de propriedade do Vice-Cônsul Pereira Duarte, que se diz comandado pelo Maçom Garibaldi, e retorna aos pampas. Retoma a Chefia de suas tropas e dá continuidade à saga que hoje conhecemos como a Epopéia Farroupilha. A revolução brasileira de maior duração: 10 anos, 1835 a 1845.

O Brasil deve muito à Maçonaria, em cujo território adentrou pelo portal de ITAMBÉ, em 1796, onde o Areópago foi a escola em que se forjou o espírito de luta por uma Pátria para os brasileiros, não com monarquia, mas com República, sonho dos Nativistas de 1817 e dos Farroupilhas, enfim realidade em 15 de novembro de 1889.

A ORDEM MAÇÔNICA NOS TEMPOS DE FREI CANECA

Acredito que, no Brasil inteiro, quem não sabe muito do Frei Caneca, pelo menos já ouviu falar algo a seu respeito, não como frade carmelita que o era, mas como participante do movimento republicano que antecedeu a Independência ou como figura de proa na Confederação do Equador que veio logo após, dois anos depois.

Desperta a atenção dos que fazem leitura de seus escritos, o saber que o Frei detinha da Ordem Maçônica. Conhecia e amava, impressionando a humildade em registrar que sabia quase nada, contudo pedia a quem o lesse que o trouxesse informado dos enganos, porque ele queria conhecer a Ordem com inteireza, dado que "saber errado seria pior que não saber".

Entendo que esse estado de saber pouco sobre a Maçonaria a que o Frei se reportava em suas cartas ao "caro Damão", não significasse um quantitativo, porém uma referência ao desejo de saber muito mais, pois isto é próprio dos que amam, o querer conhecer, no todo, o ser amado.

Em 1823, escrevendo "sobre a Sociedade Maçônica em

Pernambuco", ele se refere à leitura que já havia feito de 14 obras, dos dois campos, pró e contra a Ordem, algumas originadas no seio de sua própria Igreja. E chama a atenção do destinatário da missiva (X Carta de Pítia a Damão) para "*as falsas idéias que dela faz o vulgo, e a velhacaria em comum dos eclesiásticos sem doutrina que, entregues ao ócio e indolência, fogem, como diz o Salmista, de se instruírem, só a fim de não se verem obrigados a seguir a verdade e praticar o bem*".

O doutor Mário Melo, jornalista e historiador; secretário perpétuo do Instituto Arqueológico Histórico e Geográfico de Pernambuco, Maçom integrante de várias Lojas, em algumas das quais exerceu o Veneralato, dedica uma de suas mais encantadoras peças de arquitetura à Loja "6 de Março de 1817", que foi publicada em 1909 com o título de "A Maçonaria no Brasil – Prioridade de Pernambuco". Aí Mário Melo registra que a Academia de Suassuna era uma Loja Maçônica e que **Frei Caneca fora nela Iniciado**.

Mário Melo falava, em seu discurso de 1909, dos integrantes do Areópago de Itambé e faz a seguinte inserção:

> *Pertencia ainda ao Areópago o Capitão-mor de Olinda Francisco de Paula Cavalcante de Albuquerque, o popular Suassuna, fundador da Academia de Suassuna, em 1802, onde também se Iniciaram nosso inesquecível Irm.'., o patriota Frei Joaquim do Amor Divino Caneca, o jurisconsulto Antônio Carlos Ribeiro de Andrada – academia ambulante, e o padre Miguelinho – conforme afirmativa do padre Martins.*

O padre Joaquim Dias Martins, luso-pernambucano, em seu livro "Os Mártires Pernambucanos", publicado em

1853, registra esta condição de Iniciado a que se referiu o respeitável historiador Mário Melo. Assim narra o padre Dias Martins:

> ***Rabello 3º*** *(Joaquim do Amor Divino); pernambucano de 1817; era religioso do convento de N.S. do Carmo do Recife; sacerdote digníssimo ...; foi promovido prematuramente às Catedrais da Ordem pelo famoso Carmelo; leu com aplauso filosofia e retórica, e* ***secreto foi Iniciado****, e brevemente adepto dos secretos das duas Academias, nestas disposições o achou o dia 6 de março de 1817; e desposou-se com ele, e com a liberdade, como franco e fogoso patriota; como tal acompanhou e fez parte das guerrilhas eclesiásticas contra o exército da Bahia; nas quais fez serviços eminentes, e tão distintos, que lhe mereceram lugar entre os digníssimos 30 mártires, que a corveta Mercúrio levou para as cadeias da relação da Bahia; nelas gemeu até ... 1821...*

Frei Caneca observa, em 1823, que a Maçonaria já estava em Pernambuco há muitos anos e se encontrava mais adiantada que outras sociedades com a Jardineira. É gratificante ler o que ele entende e escreve por Maçonaria, conforme a seguinte dissertação:

> *A Franco-Maçonaria é uma antiga e respeitável instituição, que abraça indivíduos de todas as nações, de todas as religiões e de todas as condições.*

Fala de uma arquitetura antiga, constituída de conhecimentos especiais que eram do domínio de poucos sábios apenas, e que essa arquitetura teria sido as possíveis vertentes remotas da Ordem, em que, para ingresso, *"os candidatos era obrigados por um solene juramento de nunca divulgarem, aos que não eram Iniciados, os segredos da Ordem, que lhes haviam sido confiados, nem os processos e planos, em que se fundava a liga paternal; e a fim de não se sujeitar este juramento ao risco de ser violado pela falta de conhecimento dos que eram Irmãos, estabeleceram-se palavras apropriadas e sinais significantes, para se diferençarem os Irmãos da Ordem do vulgo não Iniciado, e dar-se a conhecer aos Irmãos da Ordem o direito, que se tinha aos privilégios de Irmão, e poder ser socorrido na necessidade e desgraça, ainda em terras distantes".*

Ainda esboçando o seu conceito de Maçonaria, trata das condições de ascensão na Ordem, nos tempos de banquetes e da tolerância reinante nas reuniões e entre os Irmãos. Diz assim:

> *Os Membros se iam promovendo a diversos Graus, conforme o seu adiantamento nas ciências, e desempenho dos ofícios da Ordem. Em tempos regulares tinha a confraria suas assembléias de banquetes nas Lojas estabelecidas para isto. A temperança e a concórdia caracterizavam essas assembléias. Punham-se de parte todas as distinções de qualidades e representação civil, todas as diferenças de sentimentos políticos e religiosos; aquelas pequenas discórdias que costumam perturbar o descanso da vida privada, se esqueciam e deixavam de agitar os espíritos.*

Frei Caneca, realmente, queria saber certo a História da Fraternidade, tanto que verberava os invencionistas e batia de frente com os seus caluniadores, que por inveja a atacavam e com isto só desserviam à humanidade, na tentativa de inibi-la em sua marcha de fazer o bem. Nesta sua sagrada ira lamenta que Roma, após explorar os Maçons e apropriar-se de seus conhecimentos, é que passou a condená-los. Confiramos neste texto:

> *Ao mesmo tempo que a Franco-Maçonaria florescia nestes*

> *lugares, os negros fados lhe decretavam o sofrimento de perseguições em outros; e aquela mesma Roma que outrora havia acolhido a sociedade dos arquitetos, e depois de utilizar-se de seus conhecimentos, os havia desconhecido, agora os persegue por uns malfundados ciúmes de imperantes despóticos (e aí inclui pontífices), e profunda superstição de alguns clérigos que ele chama de ignorantes, fanáticos, hipócritas, tumbeiros e exorcismadores de diabos e benzedores de quebranto.*

Sacerdote digníssimo, no dizer de seu contemporâneo padre Dias Martins, inteligente, conhecedor das Sagradas Escrituras, não temia em dizer que era possível encontrar algum indesejável na Fraternidade. Mas isto não se constituía regra, e sobre a possibilidade do achado, lembrava "*que um Deus, que penetra as entranhas dos homens, na escolha de doze, achou um que o negou, outro que o traiu, e os demais fugiram na hora do perigo*".

O depoimento de Frei Caneca é encorajador, intimorato e honesto. Inclui uma relação de homens de grande valor e do maior respeito que integraram ou então integravam a Maçonaria, no Brasil e no Exterior. Homens do povo e da realeza. Das ciências, artes e letras. Do mundo profano e das religiões. Fala da beneficência que a Ordem exercita em todas as áreas, sobretudo na saúde e na educação, virtude esta em que muito se assemelham a sociedade fraternal e a Igreja. Mais: "*Pode-se dizer que os estatutos maçônicos são extratos do Evangelho*".

Frei Caneca faz por onde Damão entender que gostaria que todos considerassem a Maçonaria como bem ela merece. Seu desejo está nesta frase, em que aponta os seus dois inimigos mais perversos que abrem oportunidade à calúnia e à perseguição:

> ***A ignorância**, dos que não conhecem a sua essência, e **o ressentimento** de alguns, por serem dela expulsos, e de outros, por não terem sido nela admitidos.*

O Irmão Frei Joaquim do Amor Divino Caneca lutou, juntamente com a Maçonaria, desde 1817, por uma pátria para os brasileiros, e, em nome desses ideais, foi encarcerado até 1821 e arcabuzado, por decisão da dinastia Bragança, em 13 de janeiro de 1825.

O 1º CARDEAL BRASILEIRO E A MAÇONARIA

O "Diário de Pernambuco", jornal que se edita ininterruptamente, no Recife, desde 1825, mantém coluna diária, onde se republicam notícias que foram de grande interesse há 125, 100, 75, 50 anos. Numa edição recente, relembra-se matéria que circulou no dia 13 de outubro de 1906. Diz o texto:

> *Ao Barão do Rio Branco, ministro do exterior, foram oferecidos valiosos mimos, em sinal de gratidão pelos esforços feitos por s. exc. para nomeação do cardeal brasileiro.*

Quem foi o Barão do Rio Branco e qual foi o cardeal a que a notícia se reporta? Teria este assunto algo a ver com a Maçonaria? Recordo que o ano de 1906 estava muito próximo da querela que se chamou de "a questão religiosa", envolvendo o altar e a coroa. Não teria esta querela deixado sentimentos de ódio na Maçonaria?

O Barão do Rio Branco foi Iniciado na Maçonaria, em 4 de fevereiro de 1872, através da Loja "Estrela do Norte", do Rio de Janeiro, e, em 1903, foi eleito membro efetivo do

Supremo Conselho do Brasil. Amigo e Irmão Maçom de Joaquim Nabuco e Rui Barbosa, indicou este último como delegado do Brasil junto à Conferência de Paz, na Holanda, de onde voltou Rui com o honroso título de "Águia de Haia". Outro grande trabalho do Barão do Rio Branco, que aliás ainda não obteve o destaque que merece, foi a atividade que desenvolveu junto ao Vaticano, para que o Brasil se tornasse sede Cardinalícia. Neste sentido, é bom que os brasileiros recordem isto com mais ênfase. Porquanto outros povos também reivindicavam o mesmo privilégio. Então para o Brasil ser escolhido deve ter sido necessário um trabalho diplomático paciencioso e de muita competência.

O Barão era filho do Visconde do Rio Branco, Presidente do Conselho de Ministros e autor da Lei do Ventre Livre, sancionada coincidentemente com sua presença no cargo de Grão-Mestre do Grande Oriente do Brasil. O Visconde, Conselheiro e Grão-Mestre, foi alvo, então, de grandes e justas homenagens, em face da sanção da referida Lei, sendo saudado pelo padre Maçom Almeida Martins, em solenidade maçônica (março de 1872) de apreço e agradecimento à sua pessoa.

O bispo do Rio de Janeiro, não tendo gostado da ação do padre, puniu-o com a suspensão, desencadeando polêmica e acirrando ânimos, que resultaram na "questão religiosa".

Todavia, alcançado o objetivo de tornar o Brasil sede cardinalícia, a etapa seguinte era a indicação do Cardeal. O eleito foi D. Joaquim Arcoverde de Albuquerque Cavalcanti. Nascido em 1850, numa fazenda do distrito de Rio Branco, município de Pesqueira, Pernambuco. A partir de 1929, em sua homenagem, o local veio a ser elevado à categoria de município, com o nome de Arcoverde. Ordenou-se Sacerdote em Roma, em 1874, e doutorou-se em ciências naturais pela Sorbonne (França). Em 1876, já havia regressado ao Brasil, participando do Seminário de Olinda, como Professor e Reitor. Em 1890, foi nomeado Bispo de Goiás, transferido, posteriormente, para o mesmo cargo na diocese de Itu, São Paulo. Nomeado Arcebispo do Rio de Janeiro em 1894, para lá só se transferiu em 1897. Em 1905, tornou-se *"o primeiro cardeal brasileiro e o primeiro prelado latino-americano a receber tal investidura da Santa Sé"*.

Certa feita, procurei o Irmão José Castellani, de quem desejava saber mais informações a respeito do Barão do Rio Branco. E Castellani, admirável Maçom e historiador brasileiro do maior gabarito, me remeteu ao livro "Os Maçons que fizeram a História do Brasil" (Editora A Gazeta Maçônica, São Paulo). Lá, na página 24, encontrei o seguinte:

> *Durante a sua gestão no Ministério das Relações Exteriores, o Barão do Rio Branco conseguiu a nomeação do primeiro Cardeal brasileiro e sul-americano – Dom Joaquim Arcoverde.*

Pois é, mais uma contribuição da Maçonaria para com o nosso País, mediante a ação desse ilustre Irmão Maçom que foi o Barão do Rio Branco, inesquecível diplomata que pôs termo às guerras sul-americanas, com as quais se discutiam os litígios de fronteira, introduzindo, com êxito invulgar, a solução pelo instituto da arbitragem.

O que resta evidente é que a Ordem Maçônica não alimenta senão sentimentos nobres, pois é uma instituição que tem como objetivo tornar feliz a pessoa humana. A Maçonaria é, como ensinou o Santo Stanislau Kostika – ad majora natus sum –, nascida para as coisas mais sublimes.

AMBRÓSIO PETERS, UM HISTORIADOR QUE DEVE SER LIDO

O Irmão Maçom Ambrósio Peters, eu o conheci, em Londrina, no começo dos anos 90. Falava a língua portuguesa do Brasil, em estilo formal, e sem predomínios regionais. Sua abordagem preferida, além da linha maçônica, tinha a ver com as comarcas da Filosofia e, mais tenuemente, da Teologia. Foi-me apresentado, pelo Grão-Mestre de Santa Catarina, o mui ilustre Irmão José Carlos Pacheco, durante um desses memoráveis Encontros de Cultura Maçônica, patrocinados, no Sul, pela revista "A TROLHA", e, no Nordeste, pela Associação Brasileira da Imprensa Maçônica.

Ambrósio Peters era um escritor, voltado para os campos da Filosofia e da História da Maçonaria. Seus registros revelam ser possuidor de profundos conhecimentos sobre a Ordem. Ao partir para o Oriente Eterno, legou-nos um exemplo de amor à Maçonaria, à qual tanto se dedicou. Mesmo com a visão já muito combalida, ainda comparecia aos Encontros, levado por familiares. Através de seus livros, deixou-nos grandes lições que merecem a leitura dos que se Iniciam na Arte Real e a apreciação dos que nela já são veteranos.

O livro "MAÇONARIA: História e Filosofia", do qual ele me enviou um exemplar, distinguindo-me com uma gentil dedicatória, é uma das provas do que informo, e integra a história da literatura maçônica brasileira, como uma obra, cuja leitura só oferece ganhos.

Poder-se-ia dizer que Peters foi um combatente paulíneo, do combate do bem e da verdade. Ele, nesse livro, é veemente na exigência de respeito à Maçonaria e justifica o porquê, escrevendo:

> *A Maçonaria é uma Ordem merecedora do respeito da sociedade, tanto por sua presença marcante na história deste milênio, como por sua contribuição substantiva no avanço das liberdades individuais do mundo ocidental.*

Ele saca, na defesa da Ordem, o estágio moderno da evolução científica do mundo, ao registrar que a alegação de "*atividades sociais reprováveis não resistiu à globalização do mundo moderno deste final de século, dominado pelos órgãos de informação que nada deixam oculto ao conhecimento público*".

Peters mostra a inocuidade de tais invencionices, diante desses eficazes instrumentos, hoje disponíveis no seio da imprensa, pois eles fizeram "*felizmente, com que perdessem sentido as tradicionais e infundadas acusações assacadas contra a Maçonaria, como a de oposição à Igreja e ao Papado, eliminação de membros dissidentes, convênio com espíritos malignos, propósitos de dominar o mundo, etc., etc.*".

Peters tem toda razão, pois se essas difamações não fossem calúnias e sim verdades, decerto que tudo "*já teria sido revelado pelos repórteres e jornalistas sempre tão incansáveis em sua faina de esclarecer as dúvidas da sociedade".*

Peters parece dar seqüência a um pensamento de Frei Caneca, quando, na X Carta de Pítia a Damão, aponta os dois inimigos mais perversos da Maçonaria:

a) a ignorância dos que não conhecem a sua essência; e
b) o ressentimento de alguns, por serem dela expulsos ou outros por não terem sido nela admitidos.

Da mesma forma raciocinava Peters. Daí o seu sábio julgamento para com os que caluniam a Ordem: "... *condenar sem motivos justos o que não se conhece é uma atitude desleal e egoísta, totalmente contrária ao nobre sentimento da fraternidade humana que tanto engrandece os que o têm".*

Ambrósio Peters é o autor. E o livro é "MAÇONARIA: História e Filosofia", que merece ser lido e relido.

ILUMINANDO OS CAMINHOS DO BEM

Como todos os leitores haverão de convir comigo, esta foi uma Assembléia que se uniformizou em seus propósitos. Pois todos fomos ali tangidos pelos mesmos sentimentos, animados das mesmas alegrias, com as mãos plenas de semelhantes oferendas. De repente, "a boa e suave" – fragrância emanada da união de todos!

O entusiasmo foi um só: prestigiar, com as nossas presenças, a cerimônia comemorativa do JUBILEU DE PRATA do Grande Oriente Paulista, e tributar a seu Grão-Mestre e aos Irmãos que com ele fazem aquela Soberana Obediência os nossos parabéns e os tão merecidos reconhecimentos pelo que realizou ao longo de seus 25 anos de fecundo semear, e, ao mesmo tempo, apresentar-lhes os votos de prosperidade no que haverão de empreender daí em diante, na condição de "a luz (maçônica) de São Paulo".

Quero relevar e agradecer a deferência do Grão-Mestre Ticiano Duarte – "este valor maior que se alevanta" – que me cumulou de honra e distinção, ao delegar-me a incumbência de, em nome da COMAB, que então presidia, proferir estas saudações à Confederada aniversariante.

Sabido que aniversariar é nascer para um novo tempo, realçamos a convicção de que cada Grão-Mestre, aqui presente, traz, em seu coração, o ouro do amor fraternal e as essências da admiração, quais outros reis magos repetindo cena de dois mil anos, para, no ofertório do simbolismo do comparecimento, exornar este inesquecível momento do Grande Oriente Paulista.

Irmãos!

O economista Peter F. Drucker, pensador político e social da maior credibilidade, escreve, em livro magistral, que as décadas recentes se constituíram n*UMA ERA DE DESCONTINUIDADE* (Zahar Editores). Conforme seu entendimento, nunca houve tempo de tantas possibilidades favoráveis às pessoas quanto o que vive esta geração, contudo de par com tantas vicissitudes, sofrimento e frustrações para a humanidade.

Celeiros abarrotados, e meio mundo em estado de fome e de miséria. Os fármacos levando à tendência zero a mortalidade infantil, e a juventude padecendo dos percalços da guerra das armas e das drogas. Bilhões de moedas gastos na conquista sideral, enquanto o homem está esquecido na terra, banalizada a vida, como se o nosso planeta todo tivesse sido reduzido ao inferno de Dante, onde os que ali adentram, perdem a esperança.

Segue idêntico raciocínio o maior historiador da contemporaneidade – Arnold Toynbee – em seu livro *O DESAFIO DE NOSSO TEMPO* (Zahar Editores). Toynbee escreve a respeito do tempo utilizado para mudança de degrau na escada evolutiva dos conhecimentos da humanidade.

Ele constata que foram necessários milhões de anos para a consecução dos primeiros passos; enquanto que poucos anos, até dias, foram bastantes para a colimação dos novos estágios, na atualidade.

Milhões de anos para o homem construir e usufruir da "primeira onda", metáfora a que recorreu Alvin Toffler para contar a sua história da evolução tecnológica da humanidade, período a que os cientistas modernos chamam de "tempos da manufatura". Porém, não mais milhões, bastando apenas poucos milhares de anos para a construção da "segunda onda" – "tempos da maquinofatura". E, em nossa geração, nem milhões nem milhares e sim apenas alguns têm sido os anos sacados no fazimento da "terceira onda" de evolução – "tempos da mentefatura".

Para Toynbee, o tempo decorrido, por ser cada vez menor, entre um advento e outro, de um novo modelo ou de um novo benefício, tem sido insuficiente para o homem compreender e até aprender como usufruir o bem-estar que a ciência e a tecnologia lhe estão proporcionando.

Quando escrevi o livro *NOVAS FRONTEIRAS* (Artegrafi Editores, Recife), fiz referência, no capítulo "Aceirando o futuro", à pequena fatia da humanidade que está engajada na construção do amanhã, nada obstante o futuro já esteja em nossa sala.

Recordo que causou grande impacto no Brasil, a leitura do livro de Alvin Toffler, *CHOQUE DO FUTURO* (Editora Artenova), na parte em que o autor diz que a humanidade está alheia ao amanhã, embora este amanhã já esteja entrando porta adentro em nossos dias. O doutor Toffler ainda se deu ao cuidado de precisar, em percentuais, a hierarquia desse alheamento.

Registrou o escritor que 65% das pessoas, nossas contemporâneas, continuam vinculadas ao passado, sensíveis a seus costumes, evocando as suas glórias. Se ele conhecesse a antiguidade literária de nosso País, diria, certamente, que são pessoas impregnadas do estilo "meus oito anos", para relembrar o saudosismo do vate Casimiro de Abreu. Aquele era, provavelmente, um tempo bom – até de "borboletas azuis", em que "o mar é um lago sereno; o céu, um manto azulado; e a vida, um hino de amor" – vamos ver que foi isto mesmo, mas que não voltará, jamais. O tempo não é um bem estocável, que se possa retirar da prateleira ... Ao reverso disto, ele passa célere.

Aí uns 30%, continua o doutor Toffler em seus registros, vivem o presente momento, lastimando dele as suas vicissitudes, como a fome, a miséria, a doença, a violência, a pobreza dos muitos, a riqueza dos poucos, a favelização, a corrupção dos costumes, a vulnerabilidade das instituições, etc.. Reclamam dessa herança medíocre, os pacientes. Exaltam essa herança, os agentes. Contudo, os pacientes não acenam com qualquer compromisso para com a sua sucessão. Está assim. Deixa estar assim mesmo.

Finaliza o escritor Alvin Toffler que somente os 5% restantes estão preocupados com o futuro, tratando de produzir o amanhã, procurando novas fronteiras.

Pois bem, não é de se olvidar que este impacto ocasionado pela tecnologia, deixando à margem a grande maioria, frustra o homem. E o atormenta. E o angustia. Tornando-se preciso, portanto, dar-lhe a urgência da adequação ao "espírito do tempo", porque simplesmente não é possível nem conveniente frear o processo tecnológico. Ler, apenas nos costumes atuais, já está sendo considerado analfabetismo. Em breve, quem não souber a linguagem dos computadores, também não conseguirá emprego e vai ter dificuldade de se comunicar.

Todo o esforço deverá consistir em cuidar das pessoas e das instituições para que elas, com o menor transtorno, possam corresponder aos desafios que as mudanças dos tempos atuais ensejam, enfrentando-os com ganhos e desenvoltura, sobretudo no campo da educação, sabido, como ensina a mãe-Maçonaria, que "a ignorância é a mãe de todos os vícios".

Grandes prêmios deveriam ser oferecidos às instituições que cuidassem do homem e o tivessem na conta "da melhor medida", como sugeriu o poeta João Cabral de Melo Neto ou como lembrou o Grão-Mestre (de saudosa memória) Octacílio Schüler Sobrinho, para dar ênfase à importância da felicidade da pessoa, ao escrever que na estrutura da expressão do pensamento – "a tecnologia é apenas predicado; quando o homem é que é o sujeito".

A Maçonaria, Senhoras e Senhores, é a instituição que tem como objetivo tornar feliz a pessoa humana, pelo ensino e prática do amor fraternal, do aperfeiçoamento dos costumes, da tolerância e da igualdade, respeitando-se as leis e a religião de cada um.

O Maçom é o seu agente na comunidade, da qual vem para o seio templário – sua "escola de conhecimento"; e para a qual volta, a fim de, com os ingredientes da palavra, do exemplo e da ação, aos modos da Maçonaria, colaborar no aperfeiçoamento dos costumes.

Foi com este compromisso que se criou a COMAB. E, anos depois um grupo de Maçons se estabeleceu, sob o manto da mesma, na jurisdição territorial de São Paulo, para dar curso a seus compromissos. E têm sido bem-sucedidos nesta missão, não só os pioneiros, mas também todas as gerações que os substituíram nesse mister.

Suas Lojas que eram poucas no começo, multiplicaram-se no percurso e, hoje, são muitas. A vida, meus Irmãos, é, realmente, uma "oficina de sonhos", como alertava Calderon de La Barca, dramaturgo do período barroco da literatura espanhola. Os sonhos de José Menezes Júnior, Michel Kfouri, Antônio Castilhos, Carlos Ciola, referentes ao Grande Oriente Paulista, foram estes: crescer no ensino da virtude e na prática do bem, de modo que a felicidade fosse a conseqüência. A mesma visão de Stanislau Kostika, que a Igreja Romana elevou às honras do altar. O Bispo Stanislau sonhou para Krakóvia um destino fulgurante. Sua Diocese nasceria para as cousas maiores: *Ad majora natus sum*.

O Grande Oriente Paulista seguiu o mesmo destino, adequou-se ao "espírito do tempo". E, sem ignorar a tradição, não tem perdido os chamamentos da modernidade. Sem esquecer que a estrada será sempre a mesma, tem sabido reinventar, com a excelência dos ganhos, o jeito de caminhar. Seus integrantes – construtores sociais – conquistaram a simpatia das comunidades. E a beleza de sua missão, abençoada pelo Grande Arquiteto do Universo, tem sido compreendida e muito bem absorvida, pelos homens destas paragens. Por isto, decerto, detém a marca, em termos de Lojas e de Obreiros, de maior Obediência dentre todas as Confederadas. É a conformação a que se reporta o apóstolo Tiago: "*Vale a fé, se esta se consubstancia nas obras*".

Já perdi a contagem dos anos, decerto mais de uma década, que acompanho as atividades do Grande Oriente Paulista. Se não bastassem os relatórios anuais, apresentados e aplaudidos na COMAB, foi aqui que vim buscar o Vice-Presidente da gestão 93/94, quando estive à frente dos destinos da Confederação – o inesquecível Irmão José Mattos Silva, que mais tarde, já neste terceiro milênio, exerceu concomitantemente com o Grão-Mestrado do GOP a Presidência da COMAB. Os Grão-Mestres Mattos Silva e Durval de Oliveira, especialmente este último, pelo que tenho podido observar e aí invoco o testemunho desta geração atual de Maçons, parecem-me possuídos da sorte de Fernão Dias Paes Leme. Onde o bandeirante permaneceu, aí nasceu uma cidade. Aonde vai este Grão-Mestre Durval de Oliveira, e aí sonha, e aí se engraça, aí tem nascido mais uma Loja para a Fraternidade que não é uma, mas um estoque de esmeraldas.

O evangelista João, no livro do Apocalipse, precisamente na carta dirigida à segunda igreja (Esmirna), deixou evidente que há um prêmio aos que, a contento e fiéis, cumprirem a missão que lhes foi confiada (Apoc. 2, 10: *Esto fidelis usque ad mortem et dabo vobis coronam vitae*). Nestas condições, qual seria a láurea merecida pelo Grande Oriente Paulista e seus Maçons?

Pergunto-me: qual seria?

O sumo da união vitoriosa da Maçonaria gaúcha; a magia da ilha catarinense; a exuberância de vida do pantanal; o aroma do café saboroso paranaense; ou o ímpeto de crescimento que alargou fronteiras, brotado do sonho do caçador das esmeraldas? Que minha Mãe-Santíssima me acuda, porque estou falando ruim do que sabem falar muito bem os Grão-Mestres Juracy Vilela, Getúlio Corrêa, Dílson Rodrigues, Krainski Neto e Ferreira Leite.

Ou seria mais pertinente, continuo me perguntando.

O óleo precioso de que é opulento o mundo amazônico; a inigualável cadência política dos maranhenses; o fogo solar do semi-árido piauiense/cearense que, nos solstícios e nos equinócios, renova integralmente a natureza; o grito de abolição escravista de 30 de setembro de 1883, nos mundos de Mossoró; o pôr-do-sol de Cabedelo, ao cântico de Ravel; o cheiro de bangüê das alagoas; o afastamento dos maus espíritos que a presença das carrancas produz, espantando-os do caminho das gaiolas que demandam o Velho Chico pelas bandas do guanambi; a linda arquitetura com que o malho e o cinzel do Grande Arquiteto do Universo esculpiram a natureza carioca; a juventude dos cerrados candangos e goianos; ou as minas de liberdade, cuja exploração nunca será tardia, enquanto pulsar um coração Maçom na terra idolatrada deste Brasil? Que me valha o meu Padrinho Padre Cícero por eu ter dito pouco, do que iriam dizer muito, os Grão-Mestres Moisés Saldanha, Carlos Smith, Ferreira Marques, Moreira Feitosa, Josemildo Pinheiro, Ticiano Duarte, João Laércio, Bezerra Neto, Carlos Régis, Héliton Teixeira, Chamel Hanna, Tarcísio Ximenes e Ferreira Lopes.

Que mimo trago eu, além dos reportados, e dos arrecifes pernambucanos, do acre de seus sargaços, do espelho das águas do Capibaribe, onde os fantasmas de antanho, trêmulos de medo deles mesmos, miram-se ao findar das tardes? Da certeza da unidade nacional em idioma e território, obtida com a expulsão do invasor batavo; da responsabilidade pelo ingresso de nossa Ordem no Brasil através do portal de Itambé, engenho e arte do botânico Arruda da Câmara; do sacrifício dos revolucionários irredentos de 1817, cujas vidas foram imoladas em troca de uma pátria para os brasileiros numa revolução incontestável de Maçons com e sem batina?

Pernambuco foi concomitante com Dom João, mandando Pedro tomar da coroa, que assim autorizado e cumprindo ordens da ORDEM veio até AQUI e selou a nossa maioridade política, como Nação, raiando a partir de então e em definitivo "a liberdade no horizonte do Brasil."

Dom Aquino Correia, Arcebispo de Cuiabá e poeta Membro da Academia Brasileira de Letras, o santo padroeiro dos oradores sacros, fora convidado a participar de uma festa comemorativa de jubileu em um dos Colégios de sua arquidiocese. Cada um dos convidados especiais levou seu mimo. E qual foi o presente daquele santo homem? O ouro, o diamante, o bem material? Não. Ele levou a palavra. A interpretação de Daniel, *"o simpático profeta, escolhido para servir na corte real da Caldéia, e que vencera em sabedoria os magos do oriente, decifrando a inscrição misteriosa do festim de Baltasar"*. O prêmio à luminosidade dos que ensinam a prática do bem.

Pois é o mesmo que digo, neste instante, ao Grande Oriente Paulista. Toda esta luz, todo este brilhantismo, que recebe agora em seu Jubileu de Prata, tudo isto se tornará exíguo, diante de seus merecimentos, porque, como disse Daniel (XII, 3):

> *Os que dedicam à vida, ensinando aos muitos a prática da virtude e os caminhos do bem, brilharão, como as estrelas, por toda a eternidade.*

É o prêmio.

São os votos da COMAB.

Parabéns!

FRONTEIRA DO AMOR

Reza o Novo Testamento que Paulo, escrevendo aos Romanos, incluiu, em sua epístola, recomendação de Jesus Cristo a respeito do mandamento do amor (Rom 13, 9). Sobre o mesmo assunto, também se tratou no Evangelho segundo Lucas (Lc 10, 27). O apóstolo Paulo retoma a exaltação ao amor em sua carta aos Coríntios, e diz que ele supera a fé e a esperança, juntando-se às duas, com as quais formam as três virtudes principais (I Cor 13, 13).

A exegese destes textos aguça a atenção para umas espécies de limite que parecem ser dadas ao amor. Assim o amor a Deus é infinito. Pois a Deus se ama sobre todas as coisas. "Deus é amor" e por ele nos concedeu a vida.

O segundo mandamento é que "amarás o próximo como a ti mesmo". Este "a ti mesmo" é uma fronteira que precisa ser mais bem examinada. Escreve Erick Fromm, em seu livro "Arte de Amar" (Editora Itatiaia Ltda., Belo Horizonte/MG), que o problema, no exercício dessa "arte", reside em que se deseja ser amado, mas há um esquecimento quanto à correspondência em dar amor.

Amar a si próprio é preciso. Não confundir, porém, com a morbidez do egoísmo, tão em voga entre os que ambicionam lugares e posições, ainda que para isto tenham que difamar, caluniar, macular conceitos e até, no embalo de tal loucura, eliminar vidas. *"O amor não pratica o mal contra o próximo"* (Rom 13, 10).

A humanidade precisa, com a maior urgência, debruçar-se sobre a cultura deste segundo mandamento ou, pelo menos, as pessoas não fazerem ao próximo o que não querem que lhes faça.

Também não vamos estabelecer restrições ao significado da palavra "próximo", dado que já houve grupo, para quem "próximo" era o companheiro de seita; era o confrade de clube; era o irmão de sangue. Ao contrário de todas estas maneiras restritas de entender, o Salvador deu sua vida pelo AMOR, não somente à família que O teve, a seus apóstolos, mas a toda a HUMANIDADE.

Louvo a Ordem Maçônica que tem o divino objetivo de envidar esforços, no sentido de tornar feliz todas as pessoas – a humanidade.

O Maçom, no exercício da missão para a qual foi formado, é seu agente. Destina-se a ser o construtor desta nova sociedade, em que o amor é a ponte que aproxima as pessoas. Amar a Deus, e amar o próximo, onde se incluem a família, a Patria e a si próprio, são os ensinamentos desta escola admirável, como são os compromissos do Maçom. Não há uma passagem sequer nos ensinamentos da Maçonaria que não seja de exaltação ao amor. Da necessidade de amar.

Memorizei e não esqueci jamais esta declaração de Frei Caneca, em sua *X Carta a Damão*, missivas que o Frei assinava como Pítia. Declarou: "*... os estatutos maçônicos são extratos dos Evangelhos*". E que são os Evangelhos, senão uma história de AMOR, não a uma porção, mas a toda a Humanidade?

Que o Grande Arquiteto do Universo nos ilumine neste entendimento.

FAMÍLIA E MAÇONARIA

O papel da família é um tema que, por sua capital importância, jamais perde a atualidade. É a este respeito que alinho os pensamentos que seguem.

No fim dos anos 70, o cientista social Robert Heilbroner abriu seu livro "*As Perspectivas do Homem*", com uma indagação muito forte. Queria saber ele se "*ainda havia esperança para o homem*". Naturalmente, perquiria o escritor sobre a situação terrena da pessoa humana. O Dr. Heilbroner revelava-se profundamente preocupado com a frustração dos pais americanos, dado estarem eles dominados pelo fracasso em não terem sabido transferir a cultura de suas famílias a seus filhos. Havia um fracasso confesso na estruturação e na condução da família. De fato, segundo mostrava a pesquisa, não existia mais, do ponto de vista tradicional, a família, na verdadeira acepção do seu significado histórico.

Na década de 80, vem à tona semelhante confissão. Daquela feita, do outro lado do mundo. O Dr. Mikail Gorbachev – prêmio Nobel da Paz – ao escrever a "*Perestroika*", deixou transparecer o mesmo espírito de culpa, atribuindo ao desmantelamento da Família tantas vicissitudes por que então atravessava a URSS. Dizia ele que a sociedade soviética acertara em conferir à mulher posições especiais na condução da comunidade: gerência, magistério, pesquisa científica, liderança política, porém, concomitantemente, cometera o grave erro de dissociá-la de suas funções na estrutura familiar, ocasionando um vácuo desagregador que sacrificara a formação dos cidadãos, no seio do lar, seus filhos.

Recordo que a Organização das Nações Unidas – ONU fez de 1994, o Ano Internacional da Família, uma decisão sábia e pertinente, haja vista a consideração com que várias instituições de âmbito mundial se voltaram ao tema, admitindo-o para suas reflexões naquele exercício. A Família estava por merecer tal preocupação, diante de sua importância na formação do homem – indivíduo e cidadão –, e o confronto das mais perversas circunstâncias que insistiam, e, na oportunidade iam ao ápice, em minar a sua estrutura. Era um tempo não só de prevenir, senão mesmo de remediar.

Aqui, no Brasil, o tema FAMÍLIA, justiça seja feita, não tem sido esquecido. Há sempre uma Instituição laborando o tema. Chamando a sociedade a refletir sobre o mesmo. A CNBB, por exemplo, o incluiu em sua campanha da fraternidade do ano de 1994.

Outro exemplo da importância que alcança o assunto entre nós, foi a audiência com que o distinguiu o Senado Federal. Coube ao Senador Marco Maciel, um dos mais brilhantes humanistas brasileiros e respeitado líder político nacional, fazer o pronunciamento. Seu discurso na Alta Casa do Congresso, dada a grande repercussão que teve, de logo foi publicado nos principais jornais do País. O Senador Maciel tem uma visão perfeita da família e de sua extraordinária importância, ao atribuir-lhe o papel de *"primeira célula da organização social, responsável pela transmissão dos valores morais, espirituais, educacionais e sociais básicos, e pela formação dos cidadãos, servindo como traço de união entre as gerações*". Precisamos, alertava ele, "*resgatar o núcleo familiar das múltiplas agressões que vem sofrendo, como vítima dos conflitos políticos, do desenvolvimento a qualquer custo, e da rápida e desorganizada urbanização*". Porque tudo isso abre veredas perigosas, por onde perambulam milhões de menores sem rumo nem futuro, desabrigados e desamparados, com recurso às drogas e apelo à violência. Numa só expressão, concluiu o Senador Maciel, "*a síndrome da personalidade sem afeto*". (MM Diário de Pernambuco 15.1.94, pág. A2).

Que mensagem remete aos nossos dias a realização das "Bodas em Caná da Galiléia"? É bom também refletir neste sentido. Que significado teria o registro de um casamento nos anais do cristianismo? A inauguração de uma "coluna social"? Não é bem isto e sim a historicidade do surgimento de UMA FAMÍLIA, à qual Deus quis dar a dimensão da importância que devia ter. Jesus Cristo, segundo o Evangelista João, compareceu à cerimônia, o que já era uma grande demonstração de apreço. Mas quis realmente mandar sua mensagem. Ali revelou a condição divina, em realizando seu primeiro milagre, e, nessas condições, chamar a atenção para o significado da instituição familiar. (João Cap. 2 e versículos)

E no campo da Ordem Maçônica? Posso afirmar, com a visão de minhas muitas décadas de vida templária, que a preocupação da Maçonaria brasileira com a existência da família e seu papel na formação do homem não se inaugura nos tempos atuais. Sempre foi uma constante. Todos os Grão-Mestres, e neles a representação máxima da liderança nacional, têm a consciência da importância da função família. Tanto isto é verdade que se constitui um dever principal do Maçom o "amor à família" e este dever é de tal monta que se posiciona ao mesmo nível do "amor à Pátria".

A família, para a Maçonaria, tem o merecimento que lhe atribuiu o Irmão Rui Barbosa, no início do século passado, em seu discurso – antológico – no Colégio Anchieta, no qual conceitua Pátria e Família da mesma substância. A Família – a célula-mãe; a Pátria – a família amplificada (*RB Palavras à Juventude*). Para aquele inesquecível Maçom "*a família, divinamente constituída, tem por elementos orgânicos a honra, a disciplina, a fidelidade, a benquerença, o sacrifício. É uma harmonia instintiva de vontades, um tecido vivente de almas entrelaçadas*". E aconselha assim "*multiplicai a célula e tendes o organismo. Multiplicai a família, e tereis a Pátria*".

Portanto, respeitar a existência da família e contribuir para seu fortalecimento são portas abertas ao exercício do sentimento de patriotismo, que não se pede, mas que o tem como dever, cada cidadão. Aliás, não apenas o cidadão. O Estado, no Brasil, também tem a sua quota de responsabilidade, definida na própria Constituição vigente. (Cf. artigos 203 e 226)

O Jornal do Commercio, Recife, em editorial de 13.2.07, presta valorosa contribuição ao discernimento do papel da família. Responsabiliza a desagregação familiar pelas piores mazelas que afligem os adolescentes. E releva que:

> *a família deve continuar sendo a fonte mais saudável, na formação da criança e do adolescente, do seu caráter, de sua realização como cidadão e pessoa humana. É a primeira escola de valores. O ensino formal e a pregação religiosa ou cívica só vêm depois, quando o arcabouço da personalidade já foi modelado pelos pais e demais educadores domésticos.*

Nos tempos atuais, em que tantos banalizam a vida e as ruas se tornam abrigos de órfãos de pais vivos, apelo para os meus Irmãos Maçons a fazerem alguns momentos de reflexão sobre a Família e o seu papel. Que o Grande Arquiteto do Universo nos ilumine nesta importante tarefa!

NOBRE AMIGO DAS FILHAS DE JÓ

O Ministro Gutemberg Senna escreve, na *home page* da Loja Maçônica "Academia do Paraíso", que a Ordem Internacional das Filhas de Jó se norteia por princípios expostos nas Sagradas Escrituras, com ênfase no Livro de Jó (Velho Testamento).

As Sagradas Escrituras são a palavra de Deus, revelada. Sua adoção é o atestado da crença no Criador – o Supremo Arquiteto do Universo. Que tudo de belo e majestoso desta imensidão, bem como e sobretudo a vida devem-se à Sua vontade.

Fascina-me saber que as Filhas de Jó acreditam em Deus, o Criador. E foi este fascínio que me levou à decisão de trazer esta Ordem maravilhosa para Pernambuco, nos idos de 1994, e, no Dia da Pátria, instalar, aqui, o primeiro Bethel, para o qual sugeri o nome distintivo de "Pioneiras do Amanhã", sendo o Irmão Guilherme de Queiroz Ribeiro seu primeiro Guardião Associado.

A vida, minhas Sobrinhas, *"é uma peregrinação de retorno à Casa do Pai"*, pregava o Santo Agostinho que foi Bispo da Igreja Romana, numa Diocese do norte da África. Nesta pregação, deixa implícito que um dia iremos mostrar a Deus com quais predicados vestimos a nossa vida. Com quais ações correspondemos à bondade Dele, que, por amor, nos concedeu a faculdade de viver. Certamente a vida não é um mar de rosas, mas é uma rosa que nos foi concedida, para ser amada e, com o maior carinho, cultivada.

O apóstolo Tiago faz referência a isto, em sua Epístola, parte do Novo Testamento. Ele indaga e afirma: *"De que vale a fé sem as obras? Sem estas, a crença é coisa morta".*

E quais são "as obras"? São, minhas Sobrinhas, aquelas, através das quais servimos a Deus, isto é, "o exercício da virtude e a prática do bem", conforme nos ensina a Ordem Maçônica. Ensina e exige que sejamos laboriosos neste ofício, pois não basta saber. É preciso ir além, quer dizer, transmitir o que se sabe, naturalmente já melhorado e ampliado, numa demonstração de que "somos de Deus imagem e semelhança", e, como tal, dinâmicos e criativos.

O filósofo alemão, chamado Hegel, nos alerta a este respeito. Ele escreve que o "pensamento pensado" é pouco, para ilustrar nossa existência. Pensamento pensado é apenas o legado das gerações passadas. Mais importante é o "pensamento pensante". A bagagem herdada e mais o que se acrescentou. Prova do esforço e do trabalho de cada um em apreender. E com isto é que se está sendo digno da semelhança com o Criador – o incansável e eterno Arquiteto.

Doze anos depois do advento das Filhas de Jó em Pernambuco, fiquei maravilhado com os resultados de uma avaliação sobre suas atividades. São inúmeros os Bethéis que já se instalaram em todos os recantos de nosso Estado e até fora de nossa jurisdição, que nos deram a oportunidade do convite para instalá-los. Éramos um. Hoje, somos vários. O Senhor, decerto, nos receberá com o galardão dos "talentos multiplicados".

São incontáveis as profissionais, excelentes e éticas profissionais, que passaram por estas sementeiras. São várias famílias, cujas mães pertenceram às suas entranhas. Aqui entraram ainda crianças – 11, 12, 13 anos – e daqui saíram, para os embates da vida, alicerçadas e dotadas dos melhores princípios do amor a Deus e do amor ao próximo, costumes estes de sua Ordem e da Maçonaria.

Só posso ficar maravilhado com isto, e agradecido a Deus, por ter me dado a faculdade da decisão de trazer a bendita Ordem das Filhas de Jó para meu Grão-Mestrado.

Não tive a sorte, como têm os Ministros Arnaldo Miranda e Gutemberg Senna, do convívio com as Sobrinhas. Pois as Filhas de Jó não se vinculam ao Grão-Mestre e sim a uma Loja. Mas, nem por isto, tenho deixado de acompanhar, através dos relatórios do Ministério da Juventude, os trabalhos que os Bethéis empreendem, tanto no campo templário, onde adquirem sólida formação, como no seio da comunidade, onde desenvolvem admiráveis projetos de filantropia e de assistência ao ser carente. Como reza o Livro de Jó, no Velho Testamento, realmente não há jovens mais virtuosas que vocês em nossa humanidade.

Marquei, assim, meus 72 anos de idade e 42 anos de Maçonaria com a felicidade de receber do Bethel 05 Recife, na oportunidade em que comemorava o 6º aniversário de fecunda existência, o título de "NOBRE AMIGO da Ordem Internacional das Filhas de Jó".

Registro, com igual satisfação, o recebimento do título de "Digno e Respeitável Amigo da Ordem Internacional das

Filhas de Jó" que me concedeu o Bethel 01 Recife – as "Pioneiras do Amanhã". Quero agradecer às Filhas de Jó e aos Conselhos Guardiões esta deferência tão especial para comigo. Muito grato.

Deus abençoe a todos. Sejam felizes agora e sempre.

APRENDENDO (ATÉ) COM A VIOLÊNCIA

Tive a oportunidade de ler, em algum destes informativos que me chegam às mãos, a respeito de macacos que adquirem o costume de invadir milharais e comer os grãos, nas espigas, verdinhos, antes de amadurecerem. Diz mais o informativo que um deles, atento e rápido no aviso, fica distante do grupo, em ponto de destaque, para anunciar a chegada de humanos.

Uma colega de turma, na Faculdade de Economia, a Bartira, revelava-se antropóloga e me falava muito sobre esta sua sabença. Certa vez me disse ela que restos de crânio de homens primitivos, encontrados em pesquisas, traziam vestígio de que eles teriam sido alvos fáceis de animais carnívoros que os atacavam, pulando em suas costas. O homem primitivo habitava cavernas. Ao sair, era facilmente atacado pelas feras que ficavam em lugares estratégicos sobre a pedra que orlava o acesso à caverna. A defesa da vida teria sido cuidada com a presença de tribais, vigiando permanentemente aqueles lugares, espantando os animais e ou, mediante alguma convenção, anunciando a sua presença.

Os sentinelas, nos quartéis militares, acredito terem função similar. Estão ali no topo da guarita, para anunciar a presença do elemento desconhecido ou de movimentos estranhos. Eles zelam por tesouros, sejam materiais, sejam mais que isto, como a vida dos companheiros.

A violência tem levado o homem, em sua trajetória, ao exercício desta função. O serviço de segurança particular, hoje em dia, é uma atividade muito requisitada. A sua prática tem sido cada vez mais crescente e solicitada, dado que a violência não tem respeitado sequer os momentos mais sagrados, como festinhas de crianças, reuniões filantrópicas, cultos religiosos e semelhantes.

Outro dia, a imprensa foi farta em noticiar que bandidos armados adentraram um Templo e mataram um Maçom em plena reunião, além de humilharem os demais presentes. E que houve invasão de uma Igreja, na hora de um casamento, levando os meliantes as jóias e pertences dos fiéis que assistiam à cerimônia.

Então, entendo que, no mundo da Maçonaria, este é um tempo de não se dispensar a presença do Irmão Cobridor Externo em todas as Sessões, em seu lugar, conforme o Rito, enquanto os trabalhos estiverem sendo realizados. "*Nosso cerimonial é um tesouro inestimável*", lembra-nos sempre o ritualista Guilherme Ribeiro em suas instruções, e dos nossos segredos nem precisa falar, conquanto todos nós estamos cônscios da responsabilidade de sua guarda, pois são bens que os devemos ter na mais alta conta e por cujo zelo juramos.

O inesquecível Xico Trolha, através de seu livro "Cargos em Loja", fala assim:

> *A verificação de cobertura do Templo é uma cerimônia ritualística imprescindível ... não tendo nexo a sua omissão.*

> *Muitas Lojas, infelizmente, não possuem o cargo de Cobridor Externo, sob a alegação estapafúrdia de que o Templo possui um Zelador. ... Isto é bobagem grossa ...*
>
> *Ou uma Loja funciona ritualisticamente bem, com todos os seus Oficiais e todo o cerimonial apropriado às Sessões Ritualísticas, ou perde a sua qualificação maçônica, transformando-se num simples clubinho de amigos.*

Embora saibamos que o Cobridor Externo não é um policial nem um segurança particular dos Irmãos, contudo, ele, além de sua função maçônica, ajudará bastante na prevenção. Atentos ao que aconselha a sabedoria popular e ao que sabemos de ciência própria é "*melhor prevenir que remediar*".

A arte de viver não é fácil. Ao contrário, é muito difícil. Em tudo o homem precisa adequar-se ao espírito do tempo, à "*circunstância*" a que se reporta o ensino orteguiano. Até da violência, teremos que retirar a aprendizagem para o melhor viver. A violência é decerto uma das "*dores do mundo*", e o cancioneiro popular acentua que "*ao sofrer, a dor vai ensinando a gente*".

HABILITAR PARA O TRABALHO

A jornalista Mirian Leitão, que mantém coluna diária nos principais jornais do Brasil, em análise recente do setor de informática, conclui que, chegaremos a 21,7 milhões de computadores instalados no País. Trata-se de um setor em célere expansão, considerando as vendas, que em 2001 eram de apenas 3,3 milhões de unidades, cheguem em menos de 5 anos ao recorde de 8,3 milhões de unidades.

Continua a jornalista Mirian Leitão, em sua análise, que a quantidade de computadores vai continuar crescendo, tendo em vista as possibilidades surgidas via Internet, dado que ela oferece importante ajuda a quem executa atividades no setor informal da economia, e tem facultado considerável apoio coadjutor na educação dos jovens.

Também, recentemente, tivemos uma análise sobre o crescimento da Internet entre nós, feita pelo eminente jornalista Sebastião Nery, colunista dos mais conceituados e lidos no País. Ele escreve que "*a internet é o homem metido a besta, metido a Deus*". E acrescenta:

A internet é a enciclopédia na ponta dos dedos. Você não

> *precisa mais abrir as pesadas enciclopédias e dicionários... A internet lhe dá a resposta na hora.*

Mas alerta:

> *... a informação na internet não é a verdade provada, um dogma a ser recebido sem discussão e sem crítica ... O que não significa a verdade indiscutível.*

Muito feliz a apreciação do jornalista Sebastião Nery.

Sobre estes assuntos do crescimento da Internet no Brasil e da possibilidade de sua utilização na formação dos jovens, convém lembrar e louvar o cuidado da Maçonaria na conceituação e direcionamento do progresso. Porque a tecnologia é neutra e sempre se gasta e se investe em sua evolução, sob a bandeira de que ela será utilizada em benefício da humanidade. Contudo, dentro do homem estão os germes do bem e do mal, e com o homem está o poder de sua opção. As possibilidades nucleares decerto foram desenvolvidas e neste laboratório se gastaram milhões e milhões de dólares, dizendo-se que tudo estaria sendo feito em nome da felicidade das pessoas. Mas como se deram os testes iniciais? Recordemos Nagazaki e Hiroshima ...

O computador é um excelente instrumento a serviço do homem, talvez por isto temos assistido pela televisão, tantas vezes, nestes tempos recentes, eles serem lacrados e levados pela Polícia, por estarem sendo usados como alavancadores auxiliares do mal! Mas eles deveriam ser usados somente para o bem ...

A beleza do papel da Maçonaria entra aí. É o Irmão Vigilante, no exercício de suas funções, quem faz ver que "*o progresso impõe maiores cuidados na preparação dos futuros cidadãos. Não basta habilitar o indivíduo somente para o trabalho, que é um dever social. É preciso dar-lhe uma formação moral e cívica adequada às novas conquistas da técnica e aos caminhos descobertos, de modo que tudo resulte em benefício da humanidade".*

É para este destino que nós Maçons devemos estimular o endereçamento da juventude em formação, como se ensina no terceiro Grau, pois é sobretudo neste tempo da vida que se deve lembrar do Criador. Acima de tudo o respeito à dignidade humana e o amor ao próximo: liberdade, igualdade e fraternidade. Enfim, "orai mas vigiai", foi o grande conselho, para ninguém esquecer, jamais.

DA NECESSIDADE DO PLANEJAMENTO

O cancioneiro popular brasileiro botou, na boca do povo, uma modinha que ficou inesquecível, em face da mensagem e do alerta que ela passava. Cantava-se que *é necessário fazer a hora e não esperar que ela venha a acontecer.*

Esta letra, embora não seja inaugural, no sentido a que me reporto, contudo não perde sua importância, porque agradou e tem sido utilizada, com freqüência e como recurso, por inúmeros formadores de opinião.

Antes, e a isto tenho me referido bastas vezes, o autor de "Choque do Futuro" trabalhara o mesmo assunto, alertando gerações e gerações, quanto à necessidade de se despertar para a construção do amanhã, dado serem tão poucos os que hoje estão conscientes deste papel.

Todos nós gostaríamos e até temos obrigação para com isto, e não só reclamar das desventuras do cotidiano hodierno, porém diligenciar para que os nossos pósteros tenham uma qualidade de vida melhor que os padrões ora desfrutados.

A grande indagação deve girar em torno do quanto ou

como estamos participando da elaboração deste futuro, pois apenas repetir o aprendido é muito pouco. É nada diante dos compromissos com a evolução. A postura acomodada das pessoas não corresponde à missão do viver delegada pelo Criador. É só reparar na parábola dos talentos que remete os acomodados à punição. Ou ler o apóstolo Paulo em sua 2ª Carta ao Tessalonicenses, aos quais escreve que ao preguiçoso não cabe sequer o direito de reclamar por alimentação.

Entende-se que a arte de pensar deverá ter sujeição com o gesto criativo, sendo a inovação o prêmio, pelo qual o futuro, como ganhador, decerto agradecerá.

Este cuidado com o amanhã vem da antiguidade. Veja-se nas Sagradas Escrituras a ação dos Profetas. Eles anteviam cenas e as anunciavam em suas pregações, não pelo esnobismo de prever, mas para convocação da sociedade a reorganizar-se e assim poder estimular o acontecimento ou, conforme o caso, preparar-se para seu enfrentamento.

Séculos e séculos depois, com o advento da profissão dos economistas, surgiu, no bojo de sua competência legal, a atividade do planejamento. Aí o exercício já não era profecia, mas o encravar dos acontecimentos num determinado pedaço do futuro. Não mais se esperava que o céu se rasgasse e, ao amanhecer, o maná caísse ... O maná passou a ser feito aqui na terra nos moldes preestabelecidos.

Esta a convocação de Henri Fayol, tido como pai da administração científica, que elenca os princípios do trabalho eficiente e dentre eles destaca o planejamento.

Este também foi o sentido dos registros de Alvin Toffler, alarmado com a presença do futuro em nossa sala e a pouca importância das pessoas na elaboração do mesmo.

O Governo Kubitschek, no Brasil, foi o grande

estimulador deste ramo profissional, ao dar relevo ao Planejamento, estabelecendo o sistema de Planos e Metas. Já eram conhecidos os resultados de seu governo, quatro anos antes que o mesmo terminasse. Anunciou as metas, condicionou os meios, perseguiu os resultados e os obteve na época aprazada.

Foram outros exemplos desta escola de planejamento as Superintendências Regionais de Desenvolvimento, das quais a SUDENE tornou-se conhecida no mundo inteiro. Juscelino e sua equipe foram profetas, já numa versão moderna, a dos tempos do economista planejador.

Em Maçonaria, também há uma ênfase para esta atividade. O simbolismo da régua de 24 polegadas tem a ver com o planejamento, obediente ao qual o dia deve começar. Depois é que vem o trabalho – a execução. Em seguida, a avaliação e os agradecimentos a Deus. Enfim, o restabelecimento das forças com o repouso.

Em seu microcosmo – a Loja –, o Venerável Mestre, a quem cabe o exercício da sabedoria, tem por ofício indagar do Secretário se há alguém inscrito, para "o trabalho", na ordem do dia. Sinal de que foi feito o planejamento da Sessão, isto é, soube-se antes o que iria acontecer, e, assim, tornando-se mais fácil a consecução dos objetivos.

O Venerável Mestre aprendeu na Filosofia de Sêneca: *ao marujo que não sabe a que porto se dirige, nenhum vento sopra favorável.*

ANEXOS

ANTÔNIO DO CARMO FERREIRA, ARTESÃO MAÇÔNICO, SEGUNDO A ÓTICA DE XICO TROLHA

Mesmo eu dizendo ao autor Antônio do Carmo Ferreira, meu companheiro de 37 anos de jornada, que Prefácio é aquela parte que se escreve, quando o livro está pronto, revisado, lido e relido – isto é, se escreve por último, e que se publica antes – antes que eu digo, é nas primeiras páginas do livro; mas que ninguém lê – nem antes nem depois, não tenho bem certeza se foi por isso que o Irm.·. Antônio do Carmo quis que eu prefaciasse o seu livro, ou se foi para me expor perante aos seus leitores, mostrando a eles como é que não se deve escrever um Prefácio.

Mas eu finjo que não sei nada disso, e vou escrever este Prefácio, e seja o que Deus quiser!

Antes de começar a escrever estas considerações, andei escarafunchando, no reduzido cérebro que tenho, em busca de alguns conhecimentos que, por feliz acaso, tenha ficado escondido atrás de uma célula atrofiada, lá, bem no fundinho do meu cérebro. Que nada! Não encontrei nadinha. Mas eu já devia saber disso, e não ficar procurando coisas impossíveis. Mas, o que me falta em conhecimento, sobra-me em teimosia. E os teimosos não gastam seu precioso tempo com interrogações, que sabem, de antemão, que não vão receber nenhuma resposta.

Se o autor deste livro não fosse tão amigo nosso, talvez fosse mais fácil falar sobre ele.

O Irm∴ Antônio do Carmo Ferreira, para quem ainda não sabe (e eu não acredito que haja alguém que não saiba) é o Grão-Mestre do Grande Oriente Independente de Pernambuco – e não por acaso é um Senhor Grão-Mestre. Sua Obediência, hoje, em Pernambuco, é uma das mais prósperas Obediências do Norte-Nordeste.

Nós nascemos para a Maçonaria no ano de 1965. Ele, o Xico e o Castellani; de nós três, ele é o mais velho. Ele foi Iniciado em 24 de junho de 1965; o Irmão José Castellani, em 11 de novembro do mesmo ano; e o Xico Trolha, em 27 de novembro também de 1965. Antônio do Carmo, na Paraíba; o Castellani em São Paulo, e o Xico no Paraná.

Três homens, três Maçons, três destinos que se convergiram formando, hoje, parte da Maçonaria brasileira – imbuídos dos mesmos ideais. Todavia, o Castellani e o Xico não fazem parte deste Trabalho.

Antônio do Carmo Ferreira nasceu na Paraíba. Muito jovenzinho ainda, sua mãe o colocou num Seminário para estudar para Padre. Era o sonho da família religiosa: ter um filho sacerdote. E ele estudou mesmo e muito, de dia, de noite, e nas horas vagas. Não diz, mas certamente viu os mais pontuados, com melhores chances de irem a Roma concluir os seus estudos. Conviverem com os melhores mestres da Igreja. Verem o Papa. E, lá em Roma, ordenarem-se sacerdotes. Talvez já tivesse conhecimento da saga do herói pernambucano – José Ignácio Ribeiro de Abreu e Lima, que teria recebido as ordens sacerdotais, na capital italiana, daí sua alcunha de Padre Roma, e tivesse alimentado o mesmo sonho.

Seus sonhos, contudo, não chegaram a se concretizar, não da forma como os desejava, e até, com todo aquele afinco, a eles se dedicara. São as estradas da vida. Raros são os caminhos que conduzem ao lugar estabelecido. Muitos, porém, são os que a pequenas distâncias se desfazem. Sua parte foi feita. Bem feita. Valendo-lhe o aproveitamento de cultura e saber, de que, ao longo da existência, tem dado prova possuir. Mas a parte dos outros não o acudiu. Do Carmo recorda essas passagens com a maior naturalidade, pois, para ele, quando Deus permite o frio, compensa fornecendo o cobertor.

E foi assim mesmo. Com isso, a Igreja perdeu um Grande Padre, um futuro Bispo, da mais elevada cultura e do mais denso e intenso humanismo; mas, em compensação – para tudo há uma compensação – a Lígia ganhou um bom marido; a Maria Clara e Raíssa, um pai muito especial – amoroso, carinhoso, bondoso e compreensivo; e a Maçonaria ganhou um Maçom, do mais elevado gabarito. E, se alguém pensa que a Maçonaria achou ruim, está muito enganado. Ela estará eternamente agradecida por esta dádiva que a Igreja lhe entregou, sem pedir nada em troca. Se há uma coisa nesta minha trajetória pelas caminhadas desta vida, que me dá inveja, é da grande, da imensa, da extraordinária cultura do meu querido Irmão Antônio do Carmo.

Mas voltemos ao assunto em questão. Perante a decisão de ser ou não ser sacerdote, embora se sentindo vocacionado para tal, optou pela negativa, e permanecer Profano. Ingressou no Banco do Nordeste, seu primeiro emprego, e lá serviu por mais de 10 anos. Fez curso superior de Economia, Direito e Jornalismo; e durante muito tempo lecionou em Universidades do Nordeste. Depois, mediante concurso público, foi admitido como Auditor Tributário da Secretaria da Fazenda de Pernambuco, Estado em que exerceu cargos de direção nos mais altos escalões, inclusive o de Secretário no Governo do respeitável e honrado político brasileiro, Marco Maciel.

É desse cidadão; é desse Irmão, que estou tentando dar uma boa informação, no mundo da Maçonaria.

David Nasser, Jornalista e Compositor, certa vez escreveu uma letra de Samba, que Herivelto Martins musicou e deram para Linda Batista gravar, e que era mais ou menos assim:

*Se eu tivesse o famoso,
Piano de Ary Barroso ...
Se Noel, lá do céu, me escutasse,
E seu violão me emprestasse ...
Ah! Se eu tivesse, meninos,
O vozeirão paternal,
Com que o Nelson Gonçalves
Faz à lua um madrigal.
E o sentimento do Caboclinho querido
Que vê um mundo de sonhos,
Onde eu só vejo um vestido ...
E de Chico Alves,
A voz de pássaro cantor,
O maior Samba do Mundo
Eu faria pro meu amor.*

*Se eu tivesse, do autor, a sabedoria
Do Tristão de Atayde o talento ...
Do Jacques Maritain, a filosofia,
De Chardin, o conhecimento.*

Ah! Se eu tivesse só um pouco de cultura,
Para ombrear-me ao Conselheiro Acácio,
Mesmo assim não estaria à altura
De escrever este meu Prefácio!

Alguém já me disse que "saber que nada sabe é uma grande sabedoria". Eu penso diferente. Penso que alguém que sabe que nada sabe e continua não sabendo – é um tremendo preguiçoso mental. E penso que é o que sou.

Mas, voltemos ao livro propriamente dito. Não é do Xico que devemos falar, mas do querido escritor Antônio do Carmo. Do seu livro, em pauta: **Artesanatos Maçônicos**, *uma coletânea de 19 magníficos Trabalhos.*

Com já dissemos, o Irmão Antônio do Carmo Ferreira tem uma formação religiosa muito acentuada. Embora ele não tenha se ordenado Sacerdote, como penso, ele continua sendo um Sacerdote, e um Sacerdote Paulino. E em todos os livros e Plaquetas que escreve, ele não esconde seu profundo sentimento religioso. Todavia, ele sempre soube ser Padre fora dos Templos, e Maçom – fora e dentro dos Templos. E neste livro, ele também deixa transparecer esse seu lado religioso. Especialmente nos temas por ele abordados:

A Loja, uma Escola de Felicidade; O Maçom, um Ser Renascido; Século XXI, Um Século Missionário; Alguns Breves Comentários sobre o Evangelho de São João; A Paz de Convivência; O Saber Maçônico em Frei Caneca.

Aí está um Trabalho que deve ser destacado dos demais devido ao conhecimento maçônico que o Frei Caneca possuía, no alvorecer da Maçonaria. Em sua época não havia muitas Lojas Maçônicas no Brasil, havia muito pouca Literatura Maçônica, e muitas proibições. O Conde d'Arcos, com seu famoso **Alvará** *de 1817, fecha todas as Lojas existentes em* *território brasileiro (que não eram muitas), assim como Clubes e Academias. Não havia, então, mais que vinte Lojas Maçônicas (umas cinco no Recife; umas quatro na Bahia, umas oito no Rio de Janeiro), nada mais do que isso.*

Quando a 23 de abril de 1738, o Papa Clemente XII assinou sua Bula famosa, contra a Maçonaria, não havia no mundo nem 100 Lojas Maçônicas. Se cada Loja tivesse 50 Membros (que não tinha), o número de Maçons andava lá pelos 4.000 Obreiros. E isso já causava medo à Poderosa Igreja Romana; e no Brasil, se houvesse somente 20 Lojas, aproximadamente – com um número de Maçons que não chegava a 1.000, será que valeu a pena o Conde d'Arcos fechar a Maçonaria? Acredito que não valeu.

Resumindo – o que, como e quando o Frei Caneca usou para se tornar um grande conhecedor dos Princípios Maçônicos? Se hoje, Irmãos com 20, 30 anos de Maçonaria não sabem nada sobre ela; um homem, e ainda por cima Padre, Político, e mais – Revolucionário – poderia conhecer tão bem a Ordem daquela época?

Frei Caneca morreu, isto é, foi executado em janeiro de 1825, com o fracasso da Confederação do Equador, por ele comandada, quando ele tinha 46 anos de idade.

Cada tema inserido neste livro é para pensar, repensar, porque foi escrito por alguém que tem muito, muito mesmo, o que transmitir a todos nós.

Feliz da Obediência Maçônica que possui um Grão-Mestre com a Cultura Profana e a Cultura Maçônica, que possui um Antônio do Carmo. É muito difícil juntar essas duas qualidades num único Grão-Mestre.

Um estudo que ele faz sobre o Irmão Joaquim Inojosa, Trabalho excelente, embora um tanto resumido. Eu conheci

Inojosa quando entrei para a Ordem dos Jornalistas do Brasil. Ele era Presidente da Ordem dos Jornalistas, quando entrei. Foram meus padrinhos, os Irmãos Venâncio Igrejas e Morivalde Calvet Fagundes. Inojosa foi quem assinou minha Carteira de Identidade de Jornalista. Aqui, para as bandas do Sul, conhece-se muito pouco Joaquim Inojosa; mas da Bahia para o Nordeste era dos escritores, orgulho daquela gente, não como um Gilberto Freire; mas, digamos assim – como um José Américo, um José Lins do Rego, ou, mesmo, um Graciliano Ramos.

Para nós, que somos Maçons, há uma boa diferença. Graciliano Ramos, José Lins do Rego e José Américo não foram Maçons, e Joaquim Inojosa, sim.

Dos meus três padrinhos, só resta vivo o Irmão Venâncio Igrejas. Inojosa e Morivalde já partiram.

E ainda temos uma visão toda particular, toda pessoal, sobre a Questão Religiosa, que abalou muito a Convivência Pacífica, entre a Igreja e a Maçonaria. Mas, Antônio do Carmo Ferreira tem o privilégio de poder ver o resultado dessa questão, por dois ângulos bem distintos. Uma visão da Igreja que acumulava ressentimentos não só com a Maçonaria, mas também com o Império.

A ***lei do Padroado*** *no Brasil, que transformava o clero brasileiro em funcionário do Império e, acrescentando a isso a Unificação da Itália – que tirava da Igreja um dos maiores patrimônios agrícolas, e que lhe rendiam gordos arrendamentos. E devido à Unificação da Itália, retirando quase todo o poder temporal do Papa, o Papa Pio IX, João Ferrete de Mastai, assinou uma enxurrada de documentos, antimaçônicos, até sua derrota final.*

Do Carmo rema um pouco nessas águas, também assim

como navega no mar agitado da Internet, demonstrando sua opinião; sua visão maçônica, sobre essa tal de Globalização.

Recentemente, ele Iniciou em sua Obediência, o Padre e escritor Aloísio Guerra. E vendo o título de um dos seus temas – ***Não dar esmolas. Por quê****? – eu lembrei-me de quando li um livro do Padre Aloísio Guerra, lá no início dos anos 60, quando a Questão Social Brasileira, assim como hoje, estava em plena efervescência, com Francisco Julião fundando e comandando suas Ligas Camponesas; a Renúncia do Irmãozinho Jânio da Silva Quadros; o Levante de Brizola, comandando a Cadeia da Legalidade, lá do Sul; o João Goulart, retornando ao Brasil e tomando posse como Presidente, frustrando um sonho dos militares; e nessa onda o Xico tinha embarcado, e o Padre Aloísio Guerra, também. E foi num livro de combate seu que li:* ***Não dê esmolas, esmola atrasa a Revolução****. O que não deixava de ser verdade. O homem que se sujeita a pedir Esmolas, abdica de sua honra, de seu orgulho, e nada mais motiva ele a lutar. Ele se acomoda, e, abatido pela humilhação, espera somente a morte, como uma dádiva de Deus.*

Quarenta anos depois, eu encontro o Irmão, Padre Aloísio Guerra e o abraço como Irmão. E agora vejo a frase, novamente – "Não dar esmolas, por quê?".

E como todo poeta, e ele, como todo nordestino, é um poeta; e um poeta dos bons, ele tinha que marcar, ou assinalar com carinho seus momentos de saudade, e escreveu o artigo – Retalhos de saudades. Mas saudades de que? De quem? Leia o 14º Trabalho e se informe. Vale a pena.

E para escrever essa pequena divagação, sobre o livro do Antônio do Carmo – ***Artesanatos Maçônicos,*** *sobre* *seus estudos, seus amigos e Irmãos – vou ter que parar, pedindo desculpas e perdão a ele, por este tão mal escrito Prefácio.*

Na verdade verdadeira, este é o primeiro Prefácio que escrevo. Não é proveitoso estamparmos, em letras de fôrma, a nossa mediocridade, como Introdução de um livro tão valioso. Mas o que é que não fazemos por um Irmão tão Especial?

Mas valeu. Está escrito. Bem ou mal, está escrito. Não é o MACTUB, dos árabes, mas está escrito. Meu conselho de Irmão e de amigo é – pule este Prefácio, e leia somente o texto do Autor-Irmão Antônio do Carmo Ferreira, Grão-Mestre do Grande Oriente Independente de Pernambuco. Londrina, julho de 2002. Xico Trolha.

PADRE ALOÍSIO GUERRA REVELA ANTÔNIO DO CARMO NAS TRILHAS DE HIRAM

Com agradável surpresa, mas não sem temor, recebo a incumbência de prefaciar (seguindo as trilhas de Hiram) este precioso pequeno grande livro, de magníficos e espiritualizados ensinamentos, de nosso amado Grão-Mestre, escritor de muitos livros e méritos, Antônio do Carmo Ferreira (que a Sabedoria do Grande Arquiteto do Universo me ajude ...).

Quanto mais a gente convive, mais o admira, não apenas pelo seu **saber maçônico**, sempre de "pensamento pensante", mas especialmente pelo seu **viver maçônico**: "Quando eu crescer quero ser como o Dom Carmo!" (penso com meus botões ...).

Nosso bom e poderoso Irmão, verdadeiramente "sabe fazer a hora, não espera acontecer". Um dos talvez melhores exemplos é o estado em que recebeu o Grão-Mestrado, como está agora e como estará (bem, quem o suceder verá).

É o líder de nós todos que nos chama a cada um de "meu líder". Isto dito por um gigante desse porte nos leva a, matutamente, responder "Quem somos eu?!"

Falando ou escrevendo é o professor magnífico e religioso que se revela. A "grande jogada", pelo sim ou pelo não, é seguir o seu exemplo, seus ensinamentos. Uma vez, também por ele, iluminado, levar a luz adiante, porque a luz não pode ficar embaixo, mas em cima da mesa (Mt 5, 15), para iluminar a todos. E *"a luz que tu levas para alguém, vai iluminar-te também"*.

Preocupa-me a euforia de alguns Maçons ao responderem o M∴ I∴ C∴ T∴ M∴ R∴. Ser apenas reconhecido Maçom não basta. Até o minúsculo Símbolo Maçônico na lapela o fará. No entanto, a pergunta que devemos fazer é: que tipo de Maçom eu sou?

Portanto, não importa apenas subir os degraus da Escada de Jacó, importa sim, o como subir. É uma ascensão e como tal não é estática mas dinâmica, consciente. Subir a Escada de Jacó é um aperfeiçoar-se contínuo, também pelo estudo maçônico. A literatura maçônica é vasta e o nosso Dom Carmo prossegue enriquecendo-a "Nas Trilhas de Hiram" é um senhor exemplo. No primeiro bloco, uma lição de espiritualidade maçônica; no segundo, uma lição de brasilidade; e no terceiro, bem, o ponto culminante é sua linda prece com que encerra este precioso livro.

Se for chamar a atenção do leitor, será para todo o livro, mas não consigo resistir a doce tentação de recomendar a leitura, como quem ora, da "Romãs da Fraternidade". *"Refletir sobre o simbolismo das romãs* (conclui o capítulo) *é começar o cumprimento deste dever."*

Este livro é para se ler, reler, refletir e agir.

O despertar para a importância da leitura, cujo hábito contribui para o combate à ignorância, amplia o conhecimento e abre caminhos largos para o exercício da cidadania.

"*É preciso nascer de novo*" (Jó 3, 3). A Iniciação Maçônica não substitui o Batismo cristão, porém o enriquece. Preocupa-me a possível esportividade de um mal preparado Profano à Iniciação. Nunca é demais chamar a atenção e responsabilidade do padrinho-apresentante, uma vez que a Iniciação é o passo decisivo, porque acontece o nascimento do Maçom, nascer que deve ser dinâmico, não estático.

Assim o Maçom não estaciona aí. É apenas o primeiro degrau. O seu crescimento se dará também na freqüência assídua à Loja, não como um dever penoso, mas como um direito gozoso, isto é, ele comparece "não apenas por obrigação, mas por amor".

Na Maçonaria aprenderá a arte de pensar, como nos lembra Dom Carmo, citando Hegel, "um pensamento pensante" e não um "pensamento pensado" como nos dogmatismos religiosos: "*Roma locuta, causa finita*" ...

Na Maçonaria você aprende a ser agente e não apenas sujeito da história, porque "quem sabe faz a hora, não espera acontecer". E você será sempre importante na recriação do mundo, para que não se transforme em imundo, tudo isto, neste novo jeito de caminhar, como insiste o autor de "Nas Trilhas de Hiram".

Leia o livro e depois diga: muito obrigado, Dom Carmo!

Recife, 2004.

Irm∴ Padre Aloísio Guerra.

OBRAS DO AUTOR

(MAÇÔNICAS)

Nossa Gente, Artegrafi Ltda., Recife, 1989, esgotado.

Antes do Entardecer, "A TROLHA" Ltda., Londrina, 1992, esgotado.

Origens do Escocesismo e Escocesismo no Brasil, Artegrafi Ltda., Recife, 1993, esgotado.

História do GOIPE, I Vol., Artegrafi Ltda., Recife, 2001, esgotado.

O Areópago de Itambé, "A TROLHA" Ltda., Londrina, 2001.

Vida Maçônica, Artegrafi Ltda., Recife, 2002, esgotado.

Novas Fronteiras, Artegrafi Ltda., Recife, 2002, esgotado.

Artesanatos Maçônicos, "A TROLHA" Ltda., Londrina, 2003, esgotado.

A Ordem dos Construtores Sociais, Artegrafi Ltda., Recife, 2003, 1ª edição esgotada.

Nas Trilhas de Hiram, Artegrafi Ltda., Recife, 2004, esgotado.

A Ordem dos Construtores Sociais, "A TROLHA" Ltda., Londrina, 2ª edição, 2004.

Maçonaria – Algumas passagens de sua história, Artegrafi Ltda., Recife, 2005, esgotado.

Maçonaria Missionária – Editora Artimagem, Recife, 2006.

Escocesismo no Brasil e Diálogos com Xico Trolha - Editora Artimagem, Recife, 2006.

Editora Maçônica

A TROLHA

Redação, Diagramação,
Composição, Revisão, Arte-Final.

Av. JK, 1.635 – Sala 2 – Fone: (43) **3337-1982**
Fax: (43) **3326-0915**
CEP 86020-000 – Londrina – Paraná

Home Page: http://www.atrolha.com.br
E-Mail: redacao@atrolha.com.br